W0015147

Dagmar Ruhwandl

Erfolgreich ohne auszubrennen

Das Burnout-Buch
für Frauen

Klett-Cotta

Klett-Cotta
www.klett-cotta.de
© J. G. Cotta'sche Buchhandlung Nachfolger GmbH, gegr. 1659,
Stuttgart 2007
Alle Rechte vorbehalten
Fotomechanische Wiedergabe nur mit Genehmigung des
Verlages
Printed in Germany
Umschlag: Roland Sazinger, Stuttgart
Titelbild: © Al Francekevich/CORBIS
Gesetzt aus der Concorde von Kösel, Krugzell
Auf säure- und holzfreiem Werkdruckpapier gedruckt
und gebunden von Kösel, Krugzell
ISBN: 978-3-608-86007-8

Dritte Auflage, 2009

Bibliografische Information der Deutschen Nationalbibliothek
Die Deutsche Nationalbibliothek verzeichnet diese Publikation
in der Deutschen Nationalbibliografie; detaillierte bibliografische Daten sind im Internet über http://dnb.d-nb.de abrufbar.

Inhalt

I.	**Einleitung: Warum ein Burnout-Buch für Frauen?** 9
	1. Wie Sie das Buch benutzen können 13
II.	**Burnout, was ist das?** 15
	1. Erschreckende Zahlen 16
	2. Warum wird Burnout häufiger? 16
	3. Frauen und Burnout 18
	■ Andere Lebens- und Arbeitsbedingungen 18
	■ Neues Gesundheitsverhalten von Frauen 20
	■ Die Zukunft gehört den Business-Frauen 21
	4. Gute Aussichten: Das Business-Tabu Burnout lockert sich 22
III.	**Die drei großen Frauen-Themen: Grenzen erkennen, Regenerieren und Delegieren** 24
	1. Grenzen erkennen 25
	2. Regenerieren 28
	3. Delegieren 29
IV.	**Bin ich ausgebrannt?** 33
	1. Nur ein »Durchhänger«? 33
	2. Depression oder Burnout? 35
	3. Phasen (Symptome) des Ausbrennens 36
	4. Fragebogen/Checkliste zum Burnout 39

V. Warum brenne ich aus? 44

1. Institutionelle Ursachen oder »Warum brennt
mein Job mich aus?« 44

2. Individuelle Ursachen oder
»Warum brenne ich aus?« 46
  ■ Persönlichkeit und Arbeitsweise 46
  ■ Ungenügende Stressbewältigungsmechanismen 47
  ■ Unrealistische Erwartungen 48
  ■ Typische Lebensgeschichten von
  Burnout-Betroffenen 49

3. Woher kommt, wohin geht meine Kraft? 50

VI. Wege aus dem Burnout 53

1. Regenerieren: Energiequellen (wieder) entdecken . 55
  ■ Kontakte zu Freunden, Familie 56
  ■ Hobbys pflegen 58
  ■ Leidenschaften entwickeln; Liebe zu Kultur,
  Natur, Lebewesen 60
  ■ Entspannungstechniken 63
  ■ Bringen Sie Ruhe in Ihren Alltag 64
  ■ Rhythmen finden 69
  ■ Feiern Sie Ihre Erfolge 74

2. Delegieren 75
  ■ Machen Sie eine Bestandsaufnahme Ihrer
  Hilfsmöglichkeiten 76
  ■ Hilfe annehmen 78
  ■ Arbeitsorganisation und Zeitmanagement 79

3. Grenzen erkennen 80
  ■ Erhöhen Sie Ihre Achtsamkeit 81
  ■ Realistische Erwartungen entwickeln 84
  ■ Zurückschauen, das Geschaffte wahrnehmen,
  stolz auf sich sein 86
  ■ Trauer über Vergangenes, über nicht Erreichbares 89
  ■ Person-Environment-Fit 92

4. Visionen und Optionen 95
  ■ Nehmen Sie sich etwas vor! 96

VII. Weibliche Wege aus dem Burnout:
Kinder, Küche und Karriere! 99

  1. Von Vorbildern und Müttern 100

  2. Von unterstützenden Vätern 102

  3. Familie und Kinder 107

   ■ Kinder: Last und Freude 110

   ■ Kinderbetreuung: Eine schwierige Diskussion 113

   ■ Trotz Kindern – wegen Kindern: Bleiben Sie am Ball! . 116

   ■ Netzwerke: Warum Communities so wichtig sind. 117

   ■ …und nehmen Sie Hilfe an! 120

   ■ Investieren Sie in Ihre Zukunft! 120

  4. (Business-)Frauen und Haushalt 121

  5. Frauen und Auszeiten: Kreativer Umgang
   mit Neuorientierungen 125

VIII. Nachwort 127

IX. Tipps und Links 128

  1. Literaturempfehlungen 128

  2. Nützliche Adressen und Links 128

  3. Networking für Frauen: Adressen und Links 129

Dank 131

I. **E**inleitung: Warum ein Burnout-Buch für Frauen?

München, im Februar. In meine psychotherapeutische Praxis kommt eine völlig verzweifelte Juristin, Ende dreißig. Sie ist in höchstem Maße überarbeitet, seit Jahren hat sie keine Hobbys mehr ausgeübt, konnte in den letzten Monaten noch nicht einmal mehr mit Genuss einen Kaffee mit Freunden trinken: »Ich habe das völlig verlernt! Wenn ich da stehe, weiß ich schon nicht mehr, was ich denken und sagen soll. Meine Gedanken sind immer bei der nächsten Akte, beim aktuellen Fall, bei der Vorbereitung auf die nächste Prüfung, meinem nächsten Karriereschritt. Nur wenn ich arbeite, bin ich einigermaßen ruhig, abends ist meine einzige Freizeitbeschäftigung, eine halbe Stunde durch das Fernsehprogramm zu zappen, dann schlafe ich todmüde ein. Seit Monaten habe ich kein Wochenende mehr frei gehabt – ich wüsste auch gar nicht mehr, was ich damit anfangen sollte. Von meinem Freund habe ich mich getrennt. Nein, wir haben uns nicht gestritten, wir hatten nur keine Zeit mehr, uns zu sehen.« Kein Einzelfall, was diese Patientin schildert. Viele berufstätige Frauen erleiden ein solches Burnout-Syndrom – Schätzungen gehen von etwa 20–25 % aller Berufstätigen aus, je nach Job können es auch deutlich mehr sein. Nichts Ungewöhnliches also. Patientinnen, die ihr Leben so schildern, überarbeitet, gereizt und erschöpft sind, kaum mehr zur Ruhe kommen, über Schlaf- und Konzentrationsstörungen sowie körperliche Beschwerden wie Rückenschmerzen, Magen-Darm-Störungen oder Herzbeschwerden klagen und sich nach und nach aus ihrem Privatleben »verabschieden«, behandele ich schon viele Jahre in meiner Praxis. Das Neue war, und das hatte ich bislang ausschließlich bei männlichen Patienten erlebt: Die Dame fühlte

Alte Arbeitswelt – neue Frauen: Neue Probleme

9

sich nicht krank! Sie wollte nur einen Rat, wie sie diese »anstrengende Zeit gut überbrücken« könne. Sie wollte auch keine Therapie machen, ein Phänomen, das ich sonst nur von männlichen Führungskräften kannte, die mal zu einem Termin »vorbeikamen«, weil ihre Frau, ihr Hausarzt oder Physiotherapeut sie geschickt hatte.

Frauen haben keine Angst vor dem Tabu-Wort Burnout: Stimmt das noch?

Patientinnen oder Frauen allgemein, so hatte ich es auch bei Vorträgen und Seminaren zum Thema Burnout stets erlebt, waren bislang immer sensibler im Hinblick auf ihre Gesundheit und ihr seelisches Wohlbefinden gewesen. In Vorträgen vor (fast) reinen Männergruppen (wie z. B. einige Jahre zuvor bei der Vertriebsversammlung einer mittelständischen Brauerei) hob niemand die Hand, nicht einmal bei der sehr indirekten Frage, ob »man schon mal von jemand gehört habe, der einmal ausgebrannt war«. Bei Veranstaltungen mit überwiegend weiblichen Teilnehmern, wie bei Vorträgen in Frauen-Business-Clubs, wurde viel berichtet, gefragt, sich mit dem Thema auseinandergesetzt: Die beste Voraussetzung, um nicht auszubrennen! Und ein einleuchtender Grund, warum es bislang fast keine Bücher über Burnout bei Frauen gab, denn, so schien es, Frauen geben wohl mehr auf sich Acht, nehmen Hilfe schneller und rechtzeitiger in Anspruch.

Diese Patientin war anders und beunruhigend. Und kaum hatte ich mich von dem Schreck und der eigenen Hilflosigkeit erholt, ihr nicht helfen zu können und zu dürfen, hatte ich mehrere Patientinnen mit fast der gleichen Symptomatik, die sich ebenfalls nicht krank fühlten. Ein neues Phänomen?

Das Ganze ließ mir keine Ruhe. Als Ärztin und Mutter hatte ich mich schon immer für die Chancengleichheit von berufstätigen Frauen interessiert und selber schon eine Reihe von Situationen erlebt, die unter dem Blickwinkel der Chancengleichheit empörend waren. Zum Beispiel empfahl mir ein Chefarzt in den 1980er Jahren bei einem Job in der Krankenpflege – ohne mich zu kennen und völlig ungefragt, bei einer Fahrstuhlfahrt! –, mir doch »besser einen Mann zu suchen, als zu studieren oder gar meinen Beruf auszuüben«. Berufstätigkeit von Frauen war in meiner familiären Tradition beinahe eine Selbstverständlichkeit: Frauen in meiner Familie hatten immer gearbeitet, z. T. aus Not, nachdem die Männer gestorben oder im Krieg geblieben waren, meist aber aus Begeisterung für ihren Beruf und Freude über die neuen Möglichkeiten, die sich Frauen seit Beginn des 20. Jahrhunderts boten, und die es erlaubten, sich aus der Rolle der Vollzeithausfrau und Mutter zu lösen und sich andere Möglichkeiten und Chancen im wahrsten Sinne des Wortes zu »erarbeiten«.

In Deutschland, Österreich und der Schweiz ist es, im Vergleich zu den USA oder anderen europäischen Ländern, besonders schwer. Hierzulande gibt es besonders wenige weibliche Führungskräfte. Und nicht nur das Wort »Rabenmutter« ist eine deutsche Kreation, nicht nur die deutschen Kinderbetreuungsmöglichkeiten, zumindest im Westen, sind ja bekanntlich sehr dürftig. In Deutschland gibt es auch so viele Parallelwelten, in denen Frauen leben, sodass man, wenn man zehn zufällig ausgewählte Frauen um die vierzig befragen würde, wohl kaum zwei hätte, deren Lebensumstände gleich sind – ganz anders als vor 50 Jahren, wo es noch ein viel klareres (aber auch starreres) Rollenverständnis gab. Die neuen Rollenbilder sind so verschieden, dass Frauen auch durch die Vielzahl der an sie herangetragenen Rollenerwartungen vermehrt ausbrennen.

Berufstätige Frauen in Deutschland: Wenig Führungserfahrung und viele Parallelwelten

Die geschilderte Patientin ist vielleicht ein neuer, noch wenig bekannter Typ berufstätige Frau, der die Lebens- und Arbeitswelt der – bislang – männlich dominierten Berufswelt stark adaptiert hat. So stark, dass traditionelle, weiblich-protektive Verhaltensweisen (wie z. B. öfter und schneller Hilfe, auch ärztliche Hilfe, in Anspruch zu nehmen – mit ein Grund, weshalb Frauen bei privaten Krankenversicherungen einen höheren Beitragssatz zahlen) nicht mehr praktiziert werden bzw. nicht mehr funktionieren. Immer häufiger warten Business-Frauen zu lange, wie es bisher vor allem bei männlichen Patienten bekannt war, bis der Hörsturz, der Bandscheibenvorfall oder eine nicht enden wollende Magen-Darm-Erkrankung sie zur Ruhe zwingt.

Verlernen Frauen, Hilfe in Anspruch zu nehmen?

Ein Buch über Burnout bei Frauen schien mir überfällig. Gefährdete Frauen müssen schon früher von diesem Thema erreicht werden, noch bevor schädliche (zum Teil »männliche«) Lebens- und Arbeitsweisen unbedacht übernommen werden und überhandnehmen. Die Schwelle, Hilfe in Anspruch zu nehmen, kann, so weiß man, vor allem durch mehr Information gesenkt werden.

Typisch weibliche Probleme beim Burnout sollen geschildert und die besonderen Lebens- und Arbeitsumstände von Frauen im deutschsprachigen Raum mit einbezogen werden, die sich gerade wieder im Wandel befinden. Die erste deutsche Kanzlerin ist dabei nur das augenfälligste Signal.

Vorbilder für berufstätige Frauen in der Familie und in früheren Generationen sind noch rar

In diesen turbulenten Zeiten brauchen Frauen, vielleicht mehr denn je, Unterstützung, um nicht auszubrennen. Sie brauchen Vorbilder, weibliche Vorbilder, die berufstätig sind und vielleicht auch Mütter sind, die ein aktives, erfülltes Leben ohne Burnout führen. Diese Vorbilder möchte ich vorstellen und anhand meiner Erfahrung in Praxis-, Seminar- und Vortragstätigkeit viele erfolgreiche Wege aufzeigen, die Frauen aus dem Burnout geführt haben oder verhinderten, dass sie in ein solches hineinrutschten.

Was können Männer von Frauen lernen

Dabei wende ich mich auch an meine männlichen Leser. Denn in den kommenden Jahren wird ein Trend zunehmen: Nicht mehr nur Frauen orientieren sich an männlichen Gesundheits- und Karriere-Vorbildern. Zunehmend schauen sich Männer, deren Lebens- und Arbeitssituation sich meines Erachtens in den letzten Jahren noch einschneidender geändert hat als die der Frauen, auch weibliche Verhaltensweisen ab. Weil sich die Lebensumstände von Männern und Frauen immer ähnlicher werden.

Für meine männlichen Leser

Weil Männer wissen wollen, warum Frauen im Durchschnitt eine um sieben Jahre höhere Lebenserwartung haben. Oder weil sie wissen wollen, warum Frauen, wie der STERN im Juni 2006 titelte, die »besseren Chefs« sind.

1. Wie Sie das Buch benutzen können

Dieses Buch ist kein Ersatz für eine ärztliche Diagnostik oder Behandlung. Sollten Sie sich selber nicht mehr zu helfen wissen, so zögern Sie nicht, die Unterstützung von professionellen Helfern in Anspruch zu nehmen.

Sie müssen das vorliegende Lese- und Arbeitsbuch nicht wie einen Roman von vorne bis hinten durchlesen. Wenn Sie schnelle Hilfe wünschen für ein Problem, dann können Sie auch zielstrebig das entsprechende Kapitel ansteuern, sich die Lösungsvorschläge vornehmen und davon versuchen umzusetzen, was Sie für brauchbar halten. Allerdings bin ich auch immer bemüht zu begründen, warum ich zu dieser oder jener Einschätzung gelangt bin. Die Vorschläge mögen für Sie überzeugender und leichter umzusetzen sein, wenn Sie sich – sei es vor oder nach Sichtung der Übungen – auch die Begründungen ansehen und etwas mehr über neue Daten und Fakten zum Thema Burnout lesen.

- Wenn Sie vor allem wissen wollen, wie man Burnout frühzeitig erkennt, finden Sie in diesem Buch, vor allem in Kapitel II »Burnout, was ist das?« und Kapitel IV »Bin ich ausgebrannt?« Hinweise zur Früherkennung. Prävention und Früherkennung bilden die Basis einer jeden Auseinandersetzung mit dem Thema Burnout.
- Wenn Sie vor allem aktuelle Fakten zum Thema suchen, finden Sie in Kapitel II »Burnout, was ist das?« Zahlen und Wissenswertes zum Thema und warum die Häufigkeit des Ausbrennens ansteigt. Sie erfahren, warum Frauen anders erkranken als Männer und warum sich das Tabu um Burnout in den letzten Jahren gelockert hat.
- Wenn Sie wissen möchten, welches die wichtigsten Themen in der Behandlung (und auch Prävention) des Burnout sind, so lesen Sie in Kapitel III »Die drei großen Frauen-Themen«, eine Einführung in die Hauptthemen, die ich bei allen meinen Patientinnen vorfinde. Mit der Übung am Anfang dieses Kapi-

tels können Sie Ihre Situation bezüglich dieser drei Themen überprüfen.

- Möchten Sie Ihre aktuelle Burnout-Gefährdung einschätzen, so finden Sie dazu in Kapitel IV »Bin ich ausgebrannt?« eine Checkliste, die sich dafür eignet. Auch hier sei erwähnt, dass dies in keinem Fall die Diagnose durch einen Arzt ersetzt, da vor allem andere Diagnosen wie depressive Erkrankungen oder psychische Erkrankungen mit körperlicher Ursache unbedingt ausgeschlossen werden müssen, da sie unter Umständen einer ganz anderen Therapie bedürfen.

- Um mögliche Gründe zu erfahren, warum Sie in eine Burnout-Krise geraten sind, lesen Sie Kapitel V »Warum bin ich ausgebrannt?« Beginnen Sie zum Beispiel mit der Übung »Woher kommt, wohin geht meine Kraft?« auf Seite 50, um Ihren augenblicklichen Energiehaushalt besser einschätzen zu lernen.

- Wenn Sie schon einiges über Burnout wissen, können Sie sich auch gleich dem Kapitel VI »Wege aus dem Burnout« widmen. Es empfiehlt sich in der Regel, dieses Kapitel in der beschriebenen Reihenfolge durchzugehen, da der Aufbau einem gewissen »Schwierigkeitsgrad« der Themen folgt. Sie finden dort für alle drei Themenbereiche Übungen. Beginnen Sie bitte immer mit einer Aufgabe, die Ihnen leicht von der Hand geht, nicht mit der Übung, die die größte Herausforderung an Sie stellt.

- Wenn Sie sich ganz dem Thema Burnout bei Frauen widmen und wissen wollen, was speziell Frauen zur Burnout-Prävention tun können: Die »Weiblichen Wege aus dem Burnout« in Kapitel VII zeigen Lösungen auf, bei der typisch weibliche Schwerpunkte angesprochen werden – wie die schwierigere Suche nach Vorbildern, durch wen Frauen Unterstützung erfahren oder auch nicht erfahren können sowie die Themen Haushalt – Beruf – Familie.

Da dieses Buch viele Übungen enthält, empfehle ich, gelegentlich eine Packung Buntstifte bereitzuhalten. Bringen Sie Farbe in Ihre Übungen und in Ihr Leben!

II. **B**urnout, was ist das?

Beispiel

Birgit Lorentz kann nicht mehr. Die Vertriebsmanagerin einer Software-Firma findet keinen erholsamen Schlaf und keine Entspannung mehr, sie kann sich keine fünf Minuten mehr konzentrieren, mag keine Kunden mehr sehen und vernachlässigt ihren geliebten Sport. Die sonst immer engagierte und lebensfrohe Frau fühlt sich allmählich völlig ungeeignet für ihren anspruchsvollen Beruf. Sie hat keine Erfolgserlebnisse mehr. Schließlich sacken ihre Leistungen sichtbar ab, Kollegen raten ihr zu einer Auszeit. Der Lebensfluss scheint stillzustehen. Sie fühlt sich ausgedörrt, ausgebrannt.

Frau Lorentz erlebt, beispielhaft für viele andere Betroffene, nach vielen Monaten mit großer Arbeitsbelastung, die Hauptsymptome des Burnout-Syndroms: Emotionale Erschöpfung, Depersonalisation (= Gefühle gegenüber anderen Menschen werden unpersönlicher; nicht im Sinne der Depersonalisation als psychotisches Symptom!) und Leistungseinschränkung. Sie treten häufig in der genannten Reihenfolge auf. Meist zeigt sich als erstes kritisches Symptom eine Unfähigkeit der Betroffenen, sich von der Arbeit zu regenerieren. Anschließend kommt es zu Gereiztheit, Gleichgültigkeit und schließlich zu Gefühllosigkeit gegenüber Kollegen, Mitarbeitern und Kunden. Dadurch werden berufliche und private Kontakte mehr und mehr gemieden, bis schließlich Selbstvertrauen und Produktivität so stark leiden, dass der oder die Betroffene arbeitsunfähig wird oder gar berentet werden muss.

Es erkranken in erster Linie Leistungsträger, also Menschen, die sich eher zu viel als zu wenig für ihren Beruf engagieren: »Wer ausbrennt, muss einmal gebrannt haben.« Betroffene nehmen ihren Zustand meist zuletzt wahr, wollen ihn nicht wahrnehmen: Sie sind Meister im Verdrängen, wenn es um die eigenen Beschwerden geht.

1. Erschreckende Zahlen

Burnout als persönliches und volkswirtschaftliches Problem

Durch die Situation am Arbeitsplatz verursachte psychische Erkrankungen führen nach einer Studie der UN Labour Organisation (ILO) allein in Deutschland zu Produktionsausfällen von jährlich mehr als 2,5 Milliarden Euro. Die deutschen Krankenkassen schätzen die volkswirtschaftlichen Folgekosten von Angst und Stress im Job auf über 75 Milliarden Euro pro Jahr.

Insgesamt sind zwischen 20 und 25 Prozent aller Erwerbstätigen mindestens einmal in ihrem Berufsleben vom beruflichen »Ausbrennen«, der schwersten Form von Job-Stress, betroffen. In einzelnen Branchen brennen bis zu 50 Prozent aller Beschäftigten aus. Vor allem bei engagierten Mitarbeitern und Führungskräften kommt es zum gefürchteten Burnout-Syndrom. Zu spät erkannt, kann es wochen- oder gar monatelange Arbeitsausfälle, langwierige psychische und körperliche Leiden und aufwändige Behandlungen nach sich ziehen.

2. Warum wird Burnout häufiger?

Die Häufigkeit von Burnout nimmt zu. Ein Grund dafür ist das generelle Ansteigen der Häufigkeit psychischer Erkrankungen. Nach dem DAK-Gesundheitsreport erhöhte sich zwischen 1997 und 2002 die Zahl der Krankheitstage wegen psychischer Erkrankungen um 63 % – bei insgesamt sinkendem Krankenstand. Als weitere Gründe für den Häufigkeitsanstieg des Burnout-Syndroms gelten steigender Stress im Beruf durch die zunehmend angespannte Weltwirtschaftslage, Restrukturierungswellen sowie der durch Globalisierung verschärfte internationale Wettbewerb. Durch die ansteigende Informationsflut (überlegen Sie einmal, wie viele E-Mails Sie vor 5–10 Jahren bekamen und wie viele Sie heute täglich beantworten!) müssen Berufstätige viel mehr Informationen bearbeiten. US-amerikanische Arbeitsmediziner sprechen vom sogenannten »Web-Jahr«: Ein Arbeitsjahr eines Arbeitnehmers, der permanent vernetzt arbeitet, entspricht demnach, was die zu verarbeitenden Informationsmengen betrifft, zwei bis drei Arbeitsjahren vor Einführung des World-Wide-Web. Auch der Trend in allen westlichen Industrienationen zu mehr Dienstleistungstätigkeiten – Dienstleister brennen häufiger aus – steigert die Burnout-Rate.

Hinzu kommt: Gehälter von Top-Managern und unteren Führungskräften klaffen zunehmend auseinander. Lag das Verhältnis noch vor wenigen Jahren bei 1:10 bis 1:20, so verdient in den USA der Vorstand eines Großunternehmens mittlerweile das bis zu 200fache eines Managers auf unterer Ebene. Das frustriert vor allem hoch motivierte mittlere Führungskräfte. Ganz zu schweigen von millionenschweren Vorstands-Abfindungen – während im gleichen Zuge Hunderte von Mitarbeitern auf Gehaltserhöhungen verzichten müssen oder von Kündigung und sozialem Abstieg bedroht sind. »Deutsche Manager sind Europameister im Entlassen« titelte kürzlich das Handelsblatt. In Europa ist es unter Spitzenmanagern – vor allem in Deutschland – üblich, zuerst zu entlassen und danach am eigenen Salär zu kappen. Teamarbeit wird offiziell großgeschrieben – wenn es aber um Prämien und Incentives geht, haben viele Leistungsträger den Eindruck, dass sich nur diejenigen den Kuchen teilen, die schon satt sein müssten.

Wie schon beschrieben, steigt die Zahl der psychischen im Vergleich zu der Zahl körperlicher Krankheiten. Moderne Maschinen, beste Arbeitsschutzmaßnahmen sichern zunehmend »gefährliche« Arbeitsplätze: Heute ist die Belastung durch körperliche Risiken am Arbeitsplatz mehr und mehr zu vernachlässigen, dagegen nimmt die psychische Beanspruchung zu. Seit einigen Jahren kümmern sich auch die Unfallversicherungen und

Berufsgenossenschaften, die für den Arbeitsschutz von Seiten der Arbeitgeber her zuständig sind, um die »weichen«, psychischen Faktoren am Arbeitsplatz. Auch Unternehmen sehen sich zunehmend in Sorge um die seelische Gesundheit ihrer Mitarbeiter, nicht zuletzt wegen des drohenden Fachkräftemangels.

Zugleich werden die Anforderungen in vielen Berufen komplexer. Lassen sich z. B. US-amerikanische Management-Modelle 1:1 auf deutsche Verhältnisse übertragen? Wie ist mit den Herausforderungen, die die Öffnung nach Fernost mit sich bringt, umzugehen? Zusätzlich belasten Unsicherheiten Mitarbeiter wie Führungskräfte, erhöhen die Verletzlichkeit und damit das Burnout-Risiko.

3. Frauen und Burnout

Immer mehr Frauen erkranken am Burnout-Syndrom. Für sie gelten prinzipiell die gleichen Risikofaktoren wie für ihre männlichen Kollegen. Bei Untersuchungen, die die Häufigkeit von Burnout vergleichend bei beiden Geschlechtern erfassen, sind Männer und Frauen mit vergleichbaren Berufs- und Lebensbedingungen gleich häufig betroffen. Aber: Sind die Bedingungen für Frauen und Männer gleich?

Andere Lebens- und Arbeitsbedingungen

Andere Berufswahl
Schon in der Berufswahl unterscheiden sich Frauen immer noch stark von Männern. So arbeiten Frauen häufiger als Männer im Dienstleistungssektor, in helfenden, sozialen und lehrenden Berufen. In diesen Sparten sind die Burnout-Raten überdurchschnittlich hoch: Jede dritte Krankenschwester oder Erzieherin erkrankt einmal in ihrem Leben am Burnout-Syndrom, bei Lehrerinnen sind es gar 50 %.

Karriere unter anderen Umständen
Den viel beschriebenen Karriereknick um die 35 erleiden ganz überwiegend immer noch Frauen. Und wenn Frauen Karriere machen, dann nicht selten unter ganz anderen Lebensbedin-

gungen als ihre männlichen Kollegen. Nämlich in der Regel ohne helfenden Ehepartner, d. h. Kindermädchen, Putzfrau, Einkaufsservice, Köchin etc., in Personalunion!

Erwartungen an den Beruf spielen ebenfalls eine große Rolle bei der Entstehung von Burnout. Bei Frauen stehen dabei »Sich wohl fühlen im Team« und »Soziale Kompetenzen« ganz oben auf der Liste. Deutlich vor »Eigene Leistungen erbringen« und »Macht erhalten«, was bei Männern meist an den ersten Stellen steht. Frauen scheinen auch besonders anfällig für den Karrieremotor – oder nennen wir es besser den Arbeitsmotor (denn Karriere macht man so nicht unbedingt!) – »Lob und Anerkennung«. Eine Patientin bemerkte erst, dass etwas schief läuft, als ihr Vorgesetzter bei einer Beförderung erwähnte, sie zeichne sich besonders dadurch aus, dass man ihr »alles an Arbeit geben könne und sie nie darüber klage«.

Andere Erwartungen an den Beruf

»Sie sind unsere Beste!«, lobt der Chef in höchsten Tönen. »Sie klagen nie über zu viel Arbeit!«

Frauen sind immer noch stark auf die Rolle des helfenden Familienangehörigen »getrimmt«, weniger auf die Rolle dessen, der das Heft in die Hand nimmt und unbedingt beweisen will, dass er/sie der/die Bessere ist. So wie eine Patientin, erfolgreiche Juristin, die sich auch nach zwei Jahrzehnten in ihrem Beruf kaum über Erfolge freuen konnte. Sie meinte immer noch, dass sie eigentlich einen helfenden Beruf hätte wählen müssen, dass nur ein sozialer Beruf etwas »Richtiges« sei. Als junges Mädchen hatte sie sich viele Jahre um ihren jüngeren, von Geburt an behinderten, Bruder gekümmert, war dafür sehr anerkannt worden und hatte aufgrund dieser Erfahrung auch auf eine eigene Familie verzichtet. Ihren Selbstwert hatte sie stets abhängig vom Ausmaß ihrer Hilfe für andere gesehen. Die Erfolge in ihrem erlernten Beruf als Juristin konnten sie nicht befriedigen. Sie konnte ihre Erfolge kaum sehen, geschweige denn für sich anerkennen und positiv bewerten. Und wenn wir unsere Leistung nicht selbst positiv bewerten, erhöht sich die Burnout-Gefahr.

Frauen als Helfer

Neues Gesundheitsverhalten von Frauen

Trend in der Gesundheitsvorsorge zur ›männlichen‹ Frau?

Wie eingangs erwähnt, beobachte ich in letzter Zeit einen beunruhigenden Trend in meiner Praxis. Frauen, die noch vor einigen Jahren frühzeitiger als ihre männlichen Kollegen in eine Behandlung kamen – nicht erst wenn körperliche Beschwerden wie Rückenschmerzen, Magen-Darm-Irritationen oder ein Hörsturz sie dazu zwangen –, kommen immer später zum Arzt. Und können sich selbst dann nur schwer zu einer Behandlung durchringen, wenn schon dramatische Folgen des Burnouts zu spüren sind. Wie bei einer Patientin, die in drei Jahren viermal Autounfälle mit Totalschaden erlitten hatte, oder einer anderen Dame, die es schon seit Jahren nicht mehr genießen konnte, abends mit Freunden wegzugehen.

Männliche Gewohnheiten setzen sich im Laufe zunehmender Gleichberechtigung nicht nur gesellschaftlich und beruflich durch, auch im Gesundheitsverhalten werden Frauen immer »männlicher«. Zum Beispiel steigt der Tabakkonsum in den letzten Jahren vor allem bei weiblichen Konsumenten, die Lungenkrebsrate infolge von Rauchen steigt mittlerweile vor allem bei Frauen. Bis vor kurzen starben fast nur Männer an Lungenkrebs, das wird sich in Zukunft vermutlich stark ändern.

Als typisch männlich galt früher auch die Wunschvorstellung: »Nichts soll mich berühren, alles soll mich kalt lassen.« Diesen Wunsch formulieren zunehmend auch Patientinnen. So nannte eine 47-jährige Patientin als ihr größtes Bestreben: »Ich wünsche mir Gedankenlosigkeit«, also alle belastenden, störenden Gedanken sollten einfach nicht auftauchen.

Es ist also zu befürchten, dass sich Frauen nicht nur in ihrem Jobverhalten, sondern auch in ihrem Gesundheitsverhalten zunehmend den Gepflogenheiten der Männer annähern werden.

Die Zukunft gehört den Business-Frauen

Trendforscher und Wissenschaftler sind sich einig: In wenigen Jahren werden weibliche Stärken das Business-Life bestimmen. Frauen machen in den meisten Berufen 50–60 % des Talent-Pools aus. Unternehmen, die das verstanden haben, ziehen jetzt schon enorme wirtschaftliche Vorteile daraus, so die Studie »Women in Leadership: A European Business Imperative« der US-Forschungseinrichtung Catalyst. So produzieren Firmen mit hohem Frauenanteil insbesondere in der Führungsebene bis zu 35 % bessere Unternehmenszahlen als Firmen mit dem geringsten Frauenanteil. Auch eine dänische Studie kam zu dem Schluss, dass Unternehmen, deren Leitung mit mehr Frauen besetzt ist, rentabler arbeiten.

> »Wenn ein Mann zurückweicht, weicht er zurück. Eine Frau weicht nur zurück, um besser Anlauf nehmen zu können«
>
> Zsa Zsa Gabor

Frauen scheinen auf die Herausforderungen der Zukunft besser vorbereitet zu sein. Denn Eigeninitiative ist gefragt. Und Mut. Und Ideenreichtum, Intuition zusammen mit der Fähigkeit, Rückschläge zu verkraften. »In all diesen Disziplinen sind Frauen Profis. Was sie nicht können, ist, an Stammtischen prahlen und Gesellschaftsspiele spielen«, so Susanne Maisch, geschäftsführende Gesellschafterin bei EARS and EYES – Markt- und Trendforschung in Hamburg. Schon der Römer Cato meinte vor 2200 Jahren: »Sobald die Frauen uns gleichgestellt sind, sind sie uns überlegen.«

> Die Zukunft ist weiblich

In einer repräsentativen Umfrage unter 3500 Beschäftigten ermittelte die englische Professorin Alimo-Metcalfe, dass Managerinnen weniger konfrontativ, stattdessen mehr vermittelnd führen. Sie sind außerdem geduldiger, anpackender und motivierender und deshalb beliebter als ihre männlichen Kollegen, die zu stark überwachten und gerne auch mal brüllten. Die meisten Frauen bleiben auch in Führungspositionen bodenständiger als männliche Chefs. Damit beherrschen sie das besser, was in der Wirtschaft seit Jahren schon sehr gefragt ist: Die sogenannten Soft Skills, also Teamfähigkeit, Einfühlungsvermögen, Motivationsstärke.

> »Frauen – die besseren Chefs«
>
> STERN-Titelstory im Juni 2006

Sogar Henry Miller meinte: »Wenn die Frau heute nur die

Gleichberechtigung anstrebt und nichts weiter, ist das ein Zeichen, dass sie dem Mann seine jahrhundertelange Vorherrschaft verziehen hat.« Die Möglichkeiten von Frauen sollten nicht dadurch geschmälert werden, dass sie Frauen in ihren neuen Rollen und Positionen durch vielfältige Überlastung ausbrennen!

Ein paar Dinge sind noch zu erreichen. Ob der Wunsch der italienischen Frauenrechtlerin Agata Capiello »Die Emanzipation ist erst dann vollendet, wenn eine vollkommen unfähige Frau in eine verantwortliche Position aufgerückt ist« so wünschenswert ist, sei dahingestellt. Aber selbst dahin ist es vielleicht nicht mehr weit.

4. Gute Aussichten:
Das Business-Tabu Burnout lockert sich

Prominente Burnout-Opfer melden sich zu Wort

Als Rolf Schweiger, Schweizer FDP-Vorsitzender, den Grund seines Rücktritts öffentlich machte, brach er mit einem Tabu: Der Politiker gab bekannt, dass er am Burnout-Syndrom in fortgeschrittenem Stadium leidet. Das Eingeständnis der emotionalen Erschöpfung wollte im ersten Moment so gar nicht in die von wirtschaftlichen Interessen geprägte Politlandschaft passen. Doch statt Vorwürfen trafen Genesungswünsche ein.

Betroffene Leistungsträger bekennen sich zunehmend zur eigenen Burnout-Krise. Und: Ihre Arbeitgeber stehen immer öfter hinter ihnen. Der Deutsche Ski-Verband unterstützte den Skispringer Sven Hannawald in seiner Burnout-Krise.

Trotz dieser hoffnungsvollen Ansätze leiden Betroffene meist noch allein. Zum einen aus Scham, zum anderen, weil sie um ihre Reputation fürchten. Der Ausgebrannte hat oft keine Kraft mehr, irgendetwas zu unternehmen.

Firmen schulen ihre Mitarbeiter in Anti-Burnout-Maßnahmen

Durch prominente Opfer wird das Burnout-Syndrom zunehmend »salonfähig«. Firmen bieten Anti-Burnout-Workshops an, in manchen Unternehmen sind sie für Führungskräfte jährliche Pflicht. Beim schwedischen Autohersteller Volvo geht man offen mit dem Problem um, nachdem man auch hier Ende der 90er-

Jahre einen Anstieg psychischer Erkrankungen feststellen musste. Schwerstbetroffenen bietet Volvo heute ein zwölfmonatiges
Wiedereingliederungsprogramm unter ärztlicher und psycho-
logischer Aufsicht. Seminare zum Thema »Burnout« sind für alle
Mitarbeiter Pflicht, Manager müssen regelmäßig an mehrtägigen
Schulungen teilnehmen. In der ganzen Firma herrsche nun ein
geschärftes Bewusstsein für das Thema. Es sei völlig in Ordnung,
mit und über Mitarbeiter zu sprechen, die einen psychischen
Zusammenbruch hatten – und natürlich auch darüber, wie das
verhindert werden kann. Die dafür getätigten Investitionen des
Unternehmens zahlen sich bereits aus, und das sowohl hinsichtlich des Wohlbefindens der Mitarbeiter als auch finanziell. Das
haben Depressionsforscher des Karolinska Instituts in Stock-
holm herausgefunden. Denn alle Unternehmen in Schweden,
die ein durchgreifendes Präventionsprogramm entwickelt haben,
verzeichnen heute steigende Umsätze.

Auch die Berufsgenossenschaften widmen sich zunehmend
den Gefahren psychischer Überlastung am Arbeitsplatz, zusätzlich zu den gesetzlich vorgeschriebenen und von Arbeitgebern
finanzierten Unfallschutz. So bietet die Unfallkasse Baden-
Württemberg, Berufsgenossenschaft der öffentlichen Arbeitgeber
Baden-Württembergs, als eine der ersten seit 2002 ein Burnout-
Präventionsprogramm für Führungskräfte an und unterstützt
so finanziell und logistisch Burnout-Präventionsmaßnahmen in
den von ihr betreuten Unternehmen.

III. Die drei großen Frauen-Themen: Grenzen erkennen, Regenerieren und Delegieren

Übung   **Ein paar Fragen zum Nachdenken**

1. Wo fühle ich mich unter Druck, eingeengt, gestresst (im Job, im Privatleben)?

   _____

   _____

   _____

2. Woraus schöpfe ich meine Kraft?

   _____

   _____

   _____

3. Welche Dinge, die mir Stress verursachen (s. Frage 1), könnte ein anderer für mich erledigen?

   _____

   _____

   _____

Drei Themen scheinen mir in meiner Arbeit mit Patientinnen sehr stark im Vordergrund zu stehen: Grenzen erkennen, Regenerieren und Delegieren. Diese Themen kommen sowohl in der Diagnostikphase, also bei der Erfassung der Symptomatik und der Lebensgeschichte, als auch in der Behandlungsphase immer wieder zur Sprache. In der Behandlung ist das Erlernen dieser

Punkte zentral für den Erfolg der Therapie. Ich werde im Verlauf des Buches immer wieder auf diese drei Punkte zurückkommen und bitte Sie schon jetzt, darauf zu achten, ob und wo diese Themen in Ihrem (Berufs-)Leben eine Rolle spielen, wo sie Sie einschränken, wo Sie sie, auf angenehme oder unangenehme Weise, spüren.

1. Grenzen erkennen

Ausbrenner sind Meister im Ignorieren. Zum Arzt gehen sie frühestens fünf nach zwölf, Schwächen gibt es nicht. Außerdem werden sie immer gebraucht, fühlen sich unabkömmlich. Da muss man über Herzrasen und Schmerzen, über Schlaflosigkeit und Erschöpfung hinwegsehen!

Immer schneller, höher, weiter

Grenzen erkennen wird auch, oder gerade, für Frauen immer schwerer. Wie soll man die eigenen Grenzen spüren, wenn sich äußere Grenzen durch vielfältige Rollenvorbilder ständig verändern? Wenn man nicht mehr einfach dem Vorbild der Mutter, die vielleicht »Nur-Hausfrau« war, folgen kann, weil man andere Vorstellungen und Ansprüche an sich selbst hat und Karriere machen möchte? Wenn die Ansprüche an sich selbst dadurch immer höher werden und sich das Maß für Erfolg und Zufriedenheit immer weiter nach oben schraubt? So weit, dass eigene Bedürfnisse kaum mehr wahrgenommen, geschweige denn erkannt werden können.

Grenzen und Rollenbilder im Fluss

Ein Beispiel dafür ist Ute: Sie reagiert zunächst sensibel auf Schwächezeichen und sucht daher frühzeitig einen Arzt auf. Sie ist bildhübsch und sehr gepflegt. Sie arbeitet seit Jahren mindestens 80 Stunden pro Woche, zum Teil gleichzeitig in verschiedenen Jobs, nur unterbrochen durch Weiterbildungen und Prüfungen in einer Weiterqualifikation. Nebenher sorgt sie für ihren schwerst pflegebedürftigen Vater. Sie hat im letzten Jahr die Pille abgesetzt, da sie sowieso keine Zeit und Nerven mehr hatte, Sexualität zu leben. Die Beziehung zu ihrem langjährigen Lebensgefährten ist in die Brüche gegangen. Seit Jahren kann sie kaum mehr Freude empfinden, wenn sie Freunde trifft oder in ein Café geht. Bei jeder Berührung mit ihrer Arbeit überfällt sie Panik. Ihre Freundin meint zu ihr: »Du fällst von einer Ohnmacht in die andere!« Regenerieren kann sie sich nur, wenn sie glaubt, alles selbst erledigt zu haben, und sie dann eine halbe Stunde, meist zwischen 1 und 2 Uhr nachts, vor dem Fernseher sitzt und zappt. Hobbys, die ihr wirklich wichtig waren, hat sie noch nie gehabt und die wenigen Freizeitbeschäftigungen, die sie hatte, in den vergangenen Jahren völlig aufgegeben. Und das Erstaunlichste: Die Frage, »Fühlen Sie sich krank?«, beantwortet sie mit »Nein, ich fühle mich nicht krank!« Statt eine – dringend notwendige – Behandlung zu beginnen, schildert sie lediglich ihre Situation, lässt sich ein paar Tipps geben, wie sie kurzfristig ihre Energie wieder aufmöbeln kann, um die nächste Prüfung zu bestehen, und taucht dann wieder umso tiefer in ihre ausbrennende Berufs- und Lebenswirklichkeit ab.

Grenzen spüren, Grenzen erkennen, Grenzen schaffen und festlegen. Grenzen kommunizieren. Grenzen einhalten und behaupten. Merken, wenn die Kerze anfängt, von beiden Seiten abzubrennen.

»Wer ausbrennt, muss einmal gebrannt haben!«

Grenzen anerkennen, sich selbst als begrenztes Wesen zu akzeptieren, ist meiner Meinung nach der wichtigste Schritt bei der Bekämpfung eines Burnout. Ausbrenner sind meist sehr engagierte Menschen, die ihren Beruf aus Leidenschaft gewählt haben, und selbst wenn es nicht der Traumberuf ist, so üben sie ihn doch mit viel Engagement oder Pflichtbewusstsein aus und geben alles. Sie »brennen« für ihren Job.

Frauen, die an einem Burnout-Syndrom erkranken, haben in aller Regel Mechanismen der Grenzziehung verlernt oder nie lernen können. Oft ist schon allein das Wort »Grenzziehung« für viele negativ belegt, gehört nicht zum eigenen, »erlaubten« Denk- und Handlungsrepertoire.

Grenzen spüren

Woran erkenne ich meinen Überdruss? Welche Signale meines Körpers nehme ich als solche wahr? Wo und wie lasse ich mir selbst Grenzen aufzeigen, durch meine körperliche und seelische Verfassung?

26

Grenzziehungen sind von Burnout-Betroffenen meist schon familiär als nicht erwünscht erlebt worden, wurden nicht akzeptiert oder gar ignoriert. Viele Patienten erlebten sich schon als kleine Kinder als sehr willensstark und werden als früh selbstständig beschrieben. Sie erlebten dies aber in der Regel als nicht erwünscht. Meist wurden eigene Willensäußerungen entweder direkt bestraft oder aber das trotzige Verhalten der Kinder wurde durch Aufmerksamkeits- und Liebesentzug indirekt negativ belegt. So berichtete eine Patientin, die in der Erinnerung ihrer Mutter als »aufsässig und trotzig« beschrieben wurde, sie sei schon sehr früh allein aus dem Haus gegangen. Schon mit 5 Jahren besuchte sie allein mit dem Bus entfernt lebende Verwandte. Und keiner hielt sie zurück. Die Willensäußerung des Kindes wurde schon sehr früh nicht mit Liebe und Halt beantwortet, sondern mit Ausgrenzung: »Wenn du das unbedingt machen willst, dann aber ohne uns.« So manche Burnout-Patientin schildert sich selbst jedoch auch als »braves« und »angepasstes« Kind.

Grenzziehungen: In der Familie unerwünscht

Grenzen ziehen hat viel mit Perfektionismus zu tun. Die meisten Ausbrennerinnen gehören zu den Besten ihres Faches, können sich aber dennoch nicht zufriedengeben mit ihren Leistungen. Es ist nie genug. Auch hier geht es um Grenzen: Bis wohin muss ich gehen / möchte ich gehen, dass es »gut« ist? Eine 45-jährige Unternehmensberaterin in der Versicherungsbranche, einzige Frau unter Männern, sagt über ihr Pflichtbewusstsein und ihren Perfektionismus: »Ich muss immer«, »Die Pflicht bleibt immer«, »Ich bin nie fertig«.

Die Perfektionismus-Falle

Und wenn Grenzen gezogen werden, ist dies häufig mit einem starken, oft übermächtigen und kaum erträglichen Gefühl der Einsamkeit verbunden. Eine Patientin, 40 Jahre alt und Geschäftsführerin eines Gourmet-Restaurants, schilderte zu Beginn ihrer Behandlung: »Ich kenne so viele Leute, habe lauter gute Bekannte um mich herum. Und doch fühle ich mich oft so einsam und verlassen. Vor allem, wenn ich es mal nicht allen recht machen will.«

Grenzen und Einsamkeit

Ein wichtiges Thema bei Frauen: »Was werden die anderen von mir denken? Vor allem, wenn ich mal ›Nein‹ sage?« Eine

Was werden die anderen von mir denken?

39-jährige Patientin: »Alle glauben immer, ich bewältige alle Anforderungen. Meine Vorgesetzten schätzen mich, weil ich gerne Dinge übernehme: vom Projekt, das dringend übers Wochenende fertiggestellt werden muss, bis hin zur Planung des nächsten Betriebsausfluges. Doch jetzt fühle ich mich nur müde, ermattet, leer und kraftlos.«

Grenzen (wieder) spüren kann man lernen

Meist ist das Wiedererlernen dieses Spürens ein erster (wenn auch manchmal langwieriger) Prozess in der Burnout-Behandlung. Durch das Spüren kommen Sie zum klareren Erkennen, dann zum Kommunizieren, Einhalten und Behaupten Ihrer persönlichen Limits.

2. Regenerieren

»Was habe ich eigentlich außer dem Sport? Eine Luftblase. Da ist gar nichts drin.« So erklärte Sven Hannawald, erfolgreicher Skispringer, im Mai 2005 bei Reinhold Beckmann, sein Burnout-Syndrom. »Ich konnte das Rad nicht anhalten, das hatte so einen Schwung, das ging nicht.«

Sich in kurzer Zeit effektiv regenerieren zu können scheint einer der Hauptfaktoren zu sein, die stärker Burnout-Gefährdete von weniger Burnout-Gefährdeten unterscheidet. Wenn etwa ein Viertel aller Berufstätigen einmal in ihrem Arbeitsleben ausbrennen, dann heißt das auch, dass mindestens drei von vier Menschen nicht ausbrennen! Menschen, die nicht unbedingt weniger arbeiten (es gibt kaum Hinweise, dass Burnout mit der Anzahl der Arbeitsstunden zusammenhängt). Was schützt diese »Burnout-Immunen«? Bei einer großen Studie zu Burnout fanden Potsdamer Wissenschaftler, dass die Burnout-Gefährdung bei Lehrern vor allem von der Regenerationsfähigkeit abhängt. Am wenigsten war jene Gruppe Lehrer gefährdet, die sich in ihrem Beruf sehr engagierte und gleichzeitig gut regenerieren konnte.

Warum regenerieren Frauen oft schlecht?

Emotionale Erschöpfung mit dem »Verlust der Fähigkeit zu regenerieren« gehört zu den Burnout-Symptomen, die vor allem Frauen betreffen. Was sind die Gründe dafür? Nehmen sich

Frauen weniger Freiräume und warum? Sind sie nicht so effektiv im Regenerieren? Laufen sie häufiger in die Perfektionismus-Falle? Wollen Frauen »ihren Mann stehen« und keine Schwächen zeigen?

Bei meinen Patientinnen erlebe ich, dass viele meinen, in ihrem Leben alles erreichen zu müssen. Perfekte Hausfrau, Mutter und dazu noch eine glänzende Karriere in einer Berufswelt, in der viele glauben, »ihren Mann stehen zu müssen«. Viele glauben, alles perfekt machen zu müssen und daher auch keine Zeit für Regeneration zu haben. Andere versuchen, sich zu erholen, haben aber kaum konkrete Vorstellungen dazu.

Eine Patientin berichtete von ihren Regenerationsversuchen am Wochenende. Wenn sie versuchte, zu entspannen, musste sie sogleich an alles denken, was noch zu erledigen war: Die Schwiegermutter musste im Krankenhaus besucht werden, der Wochenendeinkauf stand an, Kuchenbacken für den Kindergeburtstag und Unkraut jäten im Garten füllten die Agenda. An Erholung war nicht zu denken. Für sie war es ein Schlüsselerlebnis, zunächst einige dieser Punkte zu delegieren, um sich dadurch Freiraum für Gedanken an Regenerationsmöglichkeiten zu schaffen.

3. Delegieren

Burnout-Gefährdete meinen, alles selbst machen zu müssen. In einer Mischung aus überhöhtem Anspruch und überzogener eigener Größenvorstellung gehen sie davon aus, alles können zu müssen und es perfekter können zu müssen als alle anderen. Ein Patient, Unternehmer mit 40 Angestellten, hatte den Anspruch an sich, auch bei seinem privaten Umzug jede Schraube selbst eindrehen zu müssen, damit alles perfekt wurde. Viele Patientinnen, zum Teil Managerinnen und Geschäftsführerinnen mit 60-Stunden-Woche, hatten vor Beginn der Behandlung noch nicht einmal im Traum daran gedacht, sich eine Haushaltshilfe zu nehmen.

Meiner Erfahrung nach ist es für Frauen meist ein noch größeres Problem als für Männer, Dinge zu delegieren. Warum? Führt der Herr nicht nur beim Tanzen? Delegieren Frauen lediglich an die Spülmaschine?

Dieses Defizit hat zum einen vermutlich damit zu tun, dass Frauen tendenziell andere Erwartungen an ihre Berufstätigkeit haben. Männer streben immer noch in erster Linie nach Macht und persönlicher Leitung, wohingegen Frauen sich mehr im Team wohl fühlen und ihre sozialen Kompetenzen einbringen wollen. Da passt es nicht so gut ins Bild zu delegieren: Denn das könnte aus weiblicher Sicht bedeuten, dass man nicht mehr als gleichwertiger Teampartner erscheint.

Führen = Delegieren

Zum anderen gibt es in deutschsprachigen Ländern zu wenige Frauen in »Delegier-Jobs«, sprich Führungspositionen. In Deutschland ist der Mangel an weiblichen Führungskräften eklatant. 58 % aller Hochschulabsolventen, aber nur 27 % aller Führungskräfte sind weiblich. Ganze 5 % finden sich im Vorstand von Unternehmen, und unter den DAX-notierten Unternehmen gab es gerade mal zwei, die im Jahr 2006 eine Frau im Vorstand hatten – davon übrigens keine Deutsche. Aber auch die Nachbarn machen es nicht viel besser – in ganz Europa kommt man auf einen Schnitt von 33 % weiblicher Führungkräfte (10 % in Vorständen, 3 % in den Chefetagen europäischer Großunternehmen). In den USA sind 45 % aller Manager Frauen (davon 12 % in den 100 größten Unternehmen der USA).

Der Mangel an Führungstätigkeit bedeutet zwangsläufig auch einen Mangel an Fähigkeit zu delegieren. Schon traditionell haben Frauen seltener Erfahrungen im Delegieren gesammelt: Noch bis vor kurzem stand die Frau hierarchisch unter dem Mann, der Knecht über der Magd, der Graf über der Gräfin. Erst langsam ändern sich diese Dinge, die viele Kinder noch immer mit der Muttermilch einsaugen. Erst 2005 ist eine Kanzlerin, oberste führende – und damit delegierende – Politikerin, in Deutschland Selbstverständlichkeit geworden, kurz zuvor wusste man noch nicht einmal: »Wird sie Kanzlerin heißen oder Frau Kanzler?«

Viele meiner Patientinnen haben größte Schwierigkeiten,

ohne Schuldgefühle oder ein Gefühl der Unzulänglichkeit Aufgaben zu delegieren. Die meisten machen seit Jahren oder Jahrzehnten fast alles selbst. Was in Schul- und Ausbildungszeiten noch machbar ist, wird mit zunehmenden beruflichen und privaten Verpflichtungen fast zu einem Ding der Unmöglichkeit: anspruchsvoller, verantwortungsvoller Job, Partner, Haushalt, eventuell Kinder und womöglich noch zu pflegende Eltern, alles muss »geschafft« werden.

Alles muss geschafft werden

Viele Frauen gehen heute davon aus – ohne sich darüber recht klar zu sein –, sowohl dem Vorbild ihrer Mutter, die oft noch Hausfrau oder zumindest nur teilerwerbstätig war, als auch dem Vorbild des Vaters als Hauptverdiener und Karrieremacher gleichzeitig gerecht werden zu müssen. Schuldgefühle sind auf diese Weise vorprogrammiert, da sich nicht alle Rollen mit 100%iger Perfektion ausfüllen lassen. Wo soll da noch Zeit zur Verfügung stehen, die ganz den eigenen Bedürfnissen gewidmet wird, wie soll es gelingen, ein Hobby zu pflegen oder etwa eine Sportart zu erlernen? Bei Claudia war es selbstverständlich immer noch sie, die ihrem verwitweten Vater die Hemden bügelte, die Krawatten für ihn aussuchte und den Haushalt in Schuss hielt. Und das bei einem Job mit 60- bis 70-Stunden-Woche! Auch in ihrem eigenen Haushalt hatte sie große Schwierigkeiten, Hilfe anzunehmen. Sie glaubte, einen perfekten Haushalt nur selbst führen zu können, auch wenn sie an Wochenenden und manchmal sogar im Urlaub noch für ihren Beruf arbeitete, statt einem Hobby nachzugehen oder Freunde zu treffen.

Dem Vater- und Mutterbild gleichzeitig nacheifern

Rollenmuster werden oft nur halbbewusst, wie heimlich »aufgesogen«, übernommen. Viele Patientinnen erfahren in ihrer Kindheit mehr oder weniger subtile Belohnungen für ein bestimmtes Rollenverhalten. So werden Mädchen immer noch mehr dafür gelobt, den Tisch abgeräumt zu haben, als dafür, sich im Streit mit einer Freundin durchgesetzt zu haben. Im Berufsleben als Erwachsene kommt es dadurch nicht selten zu Konflikten: Erwartet wird bei vielen Jobs Durchsetzungsstärke, manchmal auch Härte, unbewusst ist aber abgespeichert, dass solch ein Verhalten eher unerwünscht ist.

Auch Partner von berufstätigen Frauen erwarten häufig immer noch wie selbstverständlich, dass der Haushalt und die Kinder ohne ihr Zutun versorgt werden. Viele Väter, selbst die sehr engagierten, rufen nie einen Babysitter an. Als wäre die Mutter immer und allein zuständig, wenn beide gleichzeitig weggehen. Auch Männer kennen aus ihrer Kindheit meist das Schema, dass Mutti sich um all das kümmerte. Also nehmen sie es selbstverständlich und ohne groß darüber nachzudenken auch von ihrer Partnerin an. Meist geschieht dies ohne böse Absicht, sondern einfach aus Mangel an anderen Erfahrungen. Haushalt, Kinder organisiert ja die Frau, und, ja, berufstätig ist sie natürlich auch, eine flotte Karriere nebenbei ist auch noch eine feine Sache. Dass nicht alles geht, zumindest nicht, wenn man nicht sehr viel delegiert, ist vielen, Frauen wie Männern, einfach nicht bewusst. Es gibt zu wenig (familiäre) Vorbilder, auf die man zurückgreifen könnte.

Dennoch: Auch hier entwickelt sich Neues. Bei meinen jüngeren Patienten beobachte ich immer häufiger, dass sie sich durchaus vorstellen können, die Berufstätigkeit ihrer Frau von Anfang an zu unterstützen. Womöglich spielt hierbei eine Rolle, dass mehr und mehr Menschen der jüngeren Generation bereits berufstätige Mütter haben und dass deutlich mehr Frauen in höher bezahlten Jobs zu finden sind als noch vor 20 Jahren. Rollengrenzen wurden bei Jüngeren oft schon in der Kindheit und Jugend nicht mehr als so starr betrachtet. Die spielerische Übernahme gegengeschlechtlicher Rollen z. B. in Computerspielen oder in Internetforen mag dazu auch beitragen.

IV. Bin ich ausgebrannt?

Beispiel

Birgit Lorentz ist verzweifelt. Was ist los mit ihr? Seit Monaten nimmt die Kraftlosigkeit zu, am Wochenende, selbst im Urlaub schafft sie es nicht mehr, Abstand von ihrer Arbeit zu gewinnen, geschweige denn, sich zu erholen. Immer häufiger faucht sie Kollegen wegen Nichtigkeiten an. Neulich dachte sie das erste Mal in ihrem Leben »Ich bin völlig ungeeignet für diesen Job.«

Die Frage »Bin ich ausgebrannt?« kann in diesem Kapitel natürlich nicht umfassend beantwortet werden. Eine Diagnose sollte immer ein Experte, also Ihre Ärztin oder Psychologin, stellen. Hier sollen Anhaltspunkte gegeben werden, an welchen Signalen Sie ein Burnout-Syndrom erkennen können und vor allem, wann es unbedingt nötig ist, professionelle Hilfe in Anspruch zu nehmen.

1. Nur ein »Durchhänger«?

Es ist nicht ganz einfach, vorübergehende Unlust am Beruf zu unterscheiden vom sehr ernst zu nehmenden Burnout-Syndrom. Viele Menschen wollen deshalb wissen, ab wann ein »Durchhänger« als Burnout zu bezeichnen ist. Die wichtigsten Hinweise sind:

1. Die Dauer des »Durchhängers« ist für Ihr Empfinden zu lang: Wenn Sie normalerweise ein Wochenende brauchen, um sich von einem anstrengenden Projekt zu erholen, so brauchen Sie jetzt deutlich mehr Zeit.

2. Der Vergleich mit bisherigen Phasen in Ihrem (Berufs-)Leben: Sind Sie, anders als früher, extrem gereizt? Oder wird Ihnen viel, was sich beruflich oder privat zuträgt, gleichgültig? Haben Sie sich, anders als früher, wegen Ihres »Durchhängers« schon krankschreiben lassen? Suchen Sie plötzlich nicht mehr den Beistand von Freunden, obwohl Sie eigentlich ein geselliger Mensch sind?

3. Wenn es Ihnen nicht mehr gelingt zu regenerieren: Sie können auf Ihre bewährten Erholungsprogramme nicht mehr zugreifen, weil Sie entweder seit Monaten keine Zeit mehr dafür haben oder weil nichts mehr greift, wenn also Ihre bewährten Ruheinseln Sie nicht mehr von Ihrer Anspannung »runterbringen«.

Überlegen Sie vor allem, ob sich das Tief, in dem Sie stecken, von anderen Krisen in Ihrem Leben unterscheidet, qualitativ und in der Dauer. Fragen Sie Angehörige, enge Freunde oder Kollegen, ob ihnen etwas an Ihrem Verhalten ungewöhnlich erscheint. Eine Kollegin sprach mich zum Beispiel wegen einer ihrer Mitarbeiterinnen an, die nach 4 Wochen Urlaub antriebs- und lustlos aus dem Urlaub kam und auf ihre Vorgesetzte einen völlig veränderten Eindruck machte, so als sei sie nicht sie selbst. Sie hatte noch vor ihrem Urlaub sehr viel gearbeitet, erschien dennoch fröhlich und nur gelegentlich etwas gereizter als sonst, was sich die Chefin mit der erhöhten Arbeitsmenge vor dem Urlaub erklärte. Erst nachdem sie im Urlaub keinen Abstand vom Beruf hatte gewinnen können, merkte sie, wie sehr sie erschöpft war und wie wenig sie in den letzten Jahren an Ausgleich gehabt hatte. Ihr großes Hobby, lateinamerikanische Tänze, hatte sie nach und nach ganz aufgegeben, weil die Arbeit so wichtig war, weil sie stets dafür bekannt gewesen war, dass sie alles mit einem Lächeln erledigte. Aber nach und nach wurden die Ressourcen aufgebraucht, und sie bemerkte erst nach einer längeren Pause, dass sie früher hätte gegensteuern müssen.

Versuchen Sie zunächst, sich so schnell wie möglich wieder zu erholen! Greifen Sie auf bewährte Erholungsrituale zurück.

Klappt dies nicht, wenn Sie eines Ihrer bewährten Relaxprogramme, die bisher zu Ihrer Erholung dienten, oder gelingt dies womöglich nicht einmal mehr, wenn Sie sich ein oder zwei Wochenenden freinehmen oder gar einen Urlaub verbringen, so ist die Gefahr groß, dass Sie auf dem besten Wege sind, in ein Burnout hineinzugeraten.

2. Depression oder Burnout?

Das Burnout- oder Erschöpfungssyndrom ist nach der aktuellen internationalen Klassifikation von Krankheiten keine Diagnose im eigentlichen Sinn. Es zählt zu den Faktoren, die dazu führen, das Gesundheitssystem in Anspruch zu nehmen. Häufig ist die zunehmende Erschöpfung bei Burnout-Betroffenen der Grund, einen Arzt aufzusuchen. Die Diagnose, die anschließend gestellt wird, meist eine depressive Erkrankung, eine Angststörung oder eine somatoforme Störung (die sogenannten psychosomatischen Erkrankungen, wie Magen-Darm-Beschwerden oder Rückenschmerzen ohne nachweisbare körperliche Ursache), gilt dann als Ursache oder Auslöser für die Erschöpfungssymptomatik.

Die Unterscheidung von Depression und Burnout ist nicht einfach. Viele Symptome, wie Antriebslosigkeit, Gereiztheit, Leistungseinschränkung oder Verlust von Selbstvertrauen, finden sich bei beiden Krankheitsbildern. Die Diagnostik sollten Sie daher in jedem Fall von einem Facharzt oder einer Fachärztin für Psychiatrie oder Nervenheilkunde durchführen lassen. Hier können auch mögliche körperliche Ursachen Ihrer Beschwerden festgestellt werden, zum Beispiel Schilddrüsenfunktionsstörungen oder hormonelle Störungen. Diese müssen gegebenenfalls mitbehandelt werden.

Auch können in manchen Situationen, wie zum Beispiel bei lang anhaltenden, quälenden Schlafstörungen oder anderen gravierenden Symptomen, Medikamente gut helfen. Gerade Medikamente zur Besserung einer Depression, sogenannte Anti-

Ein paar Worte zu Psychopharmaka

depressiva, machen nicht abhängig und sind sehr nebenwirkungsarm. Sie können bestimmte Nerven-Botenstoffe »ersetzen«, die bei schweren Depressionen nicht in ausreichender Menge im Gehirn vorhanden sind. Dies ist vergleichbar mit der Behandlung eines Diabetes: Insulin, das zur Aufnahme von Zuckerstoffen in die Körperzellen benötigt wird, wird nicht in ausreichender Menge produziert und muss durch Medikation ersetzt werden, damit der Körper nicht innerlich »verhungert«. Ähnlich ist die Situation bei manchen Formen der Depression: Die Botenstoffe für Zufriedenheit und Antrieb sind nicht in ausreichender Menge vorhanden, der Betroffene ist traurig und antriebslos. Lassen Sie sich von Ihrer Ärztin oder Ihrem Arzt beraten, ob eine Mitbehandlung Ihrer Symptomatik mit Medikamenten sinnvoll ist. Kein Diabetiker würde heutzutage auf Insulin verzichten!

3. Phasen (Symptome) des Ausbrennens

Da das Burnout-Syndrom bislang nicht nach einer der internationalen Diagnose-Klassifizierungen standardisiert ist, gibt es in der Literatur eine Fülle an Phaseneinteilungen. Aus meiner Erfahrung mit Patienten, die ich darin anleiten will, ein drohendes Ausbrennen so früh wie möglich zu erkennen, denke ich, dass eine Einteilung in drei Phasen am sinnvollsten ist.

In Phase I:
Warnsignal: Sich nicht mehr erholen können

Was tun? Körperliche und psychische Signale wahrnehmen, Regenerationsmöglichkeiten (wieder) entdecken

In *Phase I (Emotionale Erschöpfung)* fühlen sich die Betroffenen im Job frustriert und ausgelaugt. Sie verlieren die Fähigkeit, in ihrer Freizeit zu regenerieren. Positive Energie und Schwung für einen neuen Arbeitstag nehmen immer mehr ab. Diese Symptome der emotionalen Erschöpfung sind besonders bei Frauen stark ausgeprägt. »Schon wenn ich nur an die Arbeit dachte, war ich völlig verzweifelt! Ich konnte mich kaum mehr erholen, dauernd schwirrten To-do-Listen in meinem Kopf herum, auch wenn ich mich nur für eine Viertelstunde aufs Sofa legte. Mein Freund litt mit mir unter meinen regelmäßigen ›Sonntagabends-Depressionen‹«, so eine Verwaltungsbeamtin.

Info

1. Phase: Emotionale Erschöpfung:

   Hierzu gehören: • Gefühl des Ausgebranntseins • Frustration • Verlust der Fähigkeit zu regenerieren

2. Phase: Depersonalisation

   Hierzu gehören: • Gereiztheit • Gleichgültigkeit • Gefühllosigkeit gegenüber Mitarbeitern und Kunden • Kontaktvermeidung

3. Phase: Leistungseinschränkung

   Hierzu gehören: • Verlust von Selbstvertrauen • negative Selbsteinschätzung • wenige positive Erlebnisse • Verlust von Kompetenz- und Effizienzgefühl • reduzierte Produktivität • Rückzug: Arbeitsunfähigkeit • Kündigung

---

In *Phase II (Depersonalisation = »Entpersönlichung«; Kontakte zu anderen Menschen werden unpersönlicher)* kommt es zu Gereiztheit und schließlich zu Gleichgültigkeit in Beruf und Privatleben. Daraus erwächst eine Gefühllosigkeit gegenüber Mitarbeitern und Kunden. Resignation stellt sich ein. Schließlich kommt es zu einer weitgehenden Kontaktvermeidung, um sich Emotionen so wenig wie möglich aussetzen zu müssen. Die Folge: Nichterscheinen oder nur passive Mitarbeit in Teambesprechungen, Konferenzen und Meetings. Die Eigeninitiative geht zurück. Spätestens hier sollte Kontakt zum Arzt oder Psychotherapeuten aufgenommen werden, um Chronifizierung und langwierige Arbeitsunfähigkeit zu verhindern. »Jedes Klingeln des Telefons war mir eine körperliche Qual. Ich konnte mich kaum überwinden, den Hörer abzunehmen, da ich wusste, wie sehr mich dieses Gespräch anstrengen würde. Gesprächen mit Kollegen ging ich aus dem Weg, ich war immer heilfroh, wenn sie auf einer Dienstreise waren. Freunde hatte ich schon seit Monaten nicht mehr angerufen, geschweige denn persönlich getroffen. Obwohl ich immer ein geselliger Mensch gewesen war! Ich war so gefühllos, dass ich nicht einmal mehr den Schmerz darüber

In Phase II:
Warnsignal: Kontaktvermeidung!
Was tun? Bewusst Kontakt zu guten Freunden suchen, Regenerationsmöglichkeiten wahrnehmen. Professionelle Hilfe aufsuchen

wahrnahm. Auch im Büro war ich innerlich wie taub, selbst die Beschwerde eines Stammkunden löste nicht einmal Wut in mir aus.« Vertriebsmanagerin einer Softwarefirma.

In Phase III:

Warnsignal: Negative Selbsteinschätzung

Was tun? Notbremse ziehen! Schnellstmöglich professionelle Hilfe (Hausarzt, Psychiater oder Nervenarzt) annehmen

Phase III (Leistungseinschränkung) ist gekennzeichnet durch zunehmenden Leistungsabfall. Der Verlust von Selbstvertrauen und eine negative Selbsteinschätzung führen zu einem Mangel an positiven Erlebnissen. Erfolge werden als solche nicht mehr wahrgenommen. Es kommt zu massivem Verlust von Kompetenz- und Effizienzgefühl und schließlich zu reduzierter Produktivität. Meist nehmen Außenstehende erst an diesem Punkt das Ausbrennen ihrer Mitarbeiter, Kollegen oder Familienangehörigen wahr. Häufig ist dann ein Rückzug durch Arbeitsunfähigkeit, Kündigung oder Frührente nicht mehr vermeidbar. »Nach dem Gespräch mit meinem Chef bin ich nach Hause gegangen und habe stundenlang nur geheult. Allein beim Gedanken an meine miserablen Leistungen, mein Versagen packte mich die Angst. Ich hatte seit Monaten nichts mehr in meiner Tätigkeit als Erfolg wahrgenommen, seit langem zweifelte ich daran, ob ich den richtigen Beruf gewählt hatte – und das, obwohl ich jahrelang mit Begeisterung und Engagement bei der Sache war und gute, sogar hervorragende Leistungen erbracht hatte.« (Unternehmensberaterin)

Körperliche Symptome

Relativ unspezifisch, aber dennoch sehr häufig, treten körperliche Störungen auf. Am häufigsten sind dies Symptome aus dem Bereich der sogenannten somatoformen Störungen, die typischen psychosomatischen Symptome. Dies sind körperliche Symptome, bei denen auch nach sorgfältiger ärztlicher Abklärung keine körperlichen Ursachen gefunden werden können. Hierzu gehören in erster Linie:

- Herzbeschwerden (Herzklopfen, unregelmäßiger Herzschlag)
- Beschwerden des Magen-Darm-Traktes (Schmerzen, Brennen, Enge, Blähungen, Durchfall)
- Häufiges Wasserlassen oder Schmerzen beim Wasserlassen
- Husten und Atemstörungen
- Schmerzen im Bewegungsapparat oder Kopfschmerzen

Auch wechselnde, verschiedenartige körperliche Symptome ohne nachweisbare körperliche Ursache können Ausdruck eines Burnout-Syndroms sein. Diese gehen unter Umständen so weit, dass sie familiäre und soziale Bindungen des Betroffenen beeinträchtigen. Die körperlichen Beschwerden können in allen Phasen eines Burnouts auftreten, oft gehen sie einem Ausgebranntsein auch schon um Wochen oder Monate voraus.

In der Prävention des Burnout nutze ich diese Symptome häufig mit meinen Patienten und Seminarteilnehmern im Sinne eines »Warn-Signals«. So berichten Patienten, nach erfolgreicher Behandlung, dass sie seitdem immer ihr Arbeitspensum herunterschrauben beziehungsweise mehr Zeit für Regenerationsmöglichkeiten einräumen, wenn sie »ihr« Warn-Signal, wie zum Beispiel ein Ohrgeräusch (Tinnitus), Magenbeschwerden, Herzrasen, Schwindel, Rückenschmerzen oder Schlafstörungen, wieder wahrnehmen.

4. Fragebogen/Checkliste zum Burnout

Die zwei bekanntesten Fragebögen zum Thema Burnout sind der Maslach Burnout Inventory (MBI) und der Tedium Measure (TM) von Pines und Aronson. Da diese Burnout-Messinstrumente aber sehr aufwändig und zum Teil nicht in deutscher Sprache verfügbar sind, möchte ich Ihnen anhand einer an den MBI angelehnten Checkliste helfen, einen Einblick in Ihre augenblickliche Burnout-Gefährdung zu bekommen. Ziehen Sie bei Zweifeln immer Ihren Arzt oder Psychotherapeuten zu Rate.

Bitte beantworten Sie nach Ihrem ersten Impuls, bleiben Sie bei Ihrem Gefühl – seien Sie ehrlich mit sich selbst. Wie häufig erleben Sie die in den Fragen dargestellten Gefühle? Tragen Sie bitte für die Antwort »Trifft fast nie zu« eine »1«, für »Trifft selten zu« eine »2«, für »Trifft manchmal zu« eine »3«, für »Trifft häufig zu« eine »4« und für die Antwort »Trifft fast immer zu« eine »5« in die Tabelle ein. Addieren Sie in der Zeile »Zwischensumme 1« die Zahlen der Antworten 1–6, in der Zeile »Zwi-

Frage	Trifft fast nie zu	Trifft selten zu	Trifft manch-mal zu	Trifft häufig zu	Trifft fast immer zu
	1 Punkt	2 Punkte	3 Punkte	4 Punkte	5 Punkte
1. Ich fühle mich durch meine Arbeit ausgebrannt	X				
2. Der direkte Kontakt mit Menschen in meiner Arbeit belastet mich stark		X			
3. Ich fühle mich durch meine Arbeit emotional erschöpft		X			
4. Ich fühle mich durch meine Arbeit frustriert			X		
5. Ich glaube, dass ich nicht mehr weiterweiß	X			X	
6. Am Ende des Arbeitstages fühle ich mich verbraucht					
ZWISCHENSUMME 1 Erschöpfung: _____	13	+	+	+	+
7. Ich befürchte, dass diese Arbeit mich emotional verhärtet			X		
8. Es macht mir nicht wirklich viel aus, was mit manchen meiner Kollegen/Mitarbeiter/ Kunden/Klienten passiert	X				
9. Seitdem ich diese Arbeit ausübe, bin ich gefühlloser im Umgang mit Menschen geworden	X				
10. Ich reagiere gereizt auf im Grunde normale Fragen und Anregungen in meiner Arbeit				X	
11. Ich habe meine dienstlichen Kontakte reduziert (persönlich, telefonisch, per E-Mail)			X		
ZWISCHENSUMME 2 Depersonalisation: _____	12	+	+	+	+
12. Es ist leicht für mich, eine entspannte Atmosphäre in meinem Job herzustellen					X
13. Ich fühle mich sehr tatkräftig				X	
14. Ich gehe ziemlich erfolgreich mit meinen beruflichen Herausforderungen um					X
15. Ich habe das Gefühl, dass ich durch meine Arbeit das Leben anderer Menschen positiv beeinflusse					X
16. Ich habe in meiner Arbeit viele lohnenswerte Dinge erreicht					X
ZWISCHENSUMME 3 Leistung: _____	24	+	+	+	+

schensumme 2« die Zahlen der Antworten 7–11 und in der Zeile »Zwischensumme 3« die Zahlen der Antworten 12–14.

Auswertung

1. Emotionale Erschöpfung:
Ihr Gesamtwert für die **Zwischensumme 1** liegt

a) unter 10 Punkten: Sie sind nicht oder nur wenig erschöpft. Sie können sich gut erholen, haben ausreichende Möglichkeiten, sich in Beruf und Freizeit zu regenerieren, und praktizieren diese regelmäßig und in einem für Sie passenden Rhythmus.

b) zwischen 10 und 20 Punkten: Sie sind an der Grenze zur emotionalen Erschöpfung und sollten schnellstmöglich Ihre Regenerationsmöglichkeiten überdenken. Wie lange brauchen Sie, um von einem anstrengenden Arbeitstag zu entspannen? Wie lange dauert es, bis Sie im Urlaub abschalten können? Können Sie aus dem Stegreif 5 Möglichkeiten nennen, bei denen Sie sich entspannen können? Wie oft praktizieren Sie diese Möglichkeiten und in welchem Rhythmus?

c) über 20 Punkten: Sie müssen dringend Ihre Regenerationsfähigkeit erhöhen. Mit welchen Methoden entspannen Sie oder, falls das kaum mehr möglich ist, womit haben Sie früher (in der Berufsausbildung, Schulzeit, im Urlaub oder während einer anderen ruhigen Zeit) entspannt? Wie können Sie diese Möglichkeiten wieder entdecken?

2. Depersonalisation: Entpersönlichung des Kontaktes (d.h. Kontakte werden weniger persönlich) mit den Menschen, denen Sie in Ihrer Arbeit begegnen (Kunden, Klienten, Mitarbeiter, Kollegen)
Ihr Gesamtwert für die **Zwischensumme 2** liegt

a) unter 9 Punkten: Sie sind engagiert und können Ihre Emotionen in Ihrer Arbeit einfließen lassen. Wut, Enttäuschungen oder freudige Erlebnisse im Beruf halten sich die Waage, Sie nehmen davon nur gelegentlich etwas »mit nach Hause« und können Ihre beruflichen Sorgen in der Regel gut verarbeiten.

Im Kontakt zu Kollegen/Mitarbeitern/Kunden/Klienten sind Sie aufgeschlossen, halten Augenkontakt und können sich immer wieder gut in andere Menschen einfühlen. Sie bekommen Ihre gute Kontaktfähigkeit gelegentlich von Menschen positiv zurückgemeldet, die mit Ihnen zu tun haben.

b) zwischen 9 und 18 Punkten: Ihr Engagement und Ihre Kontaktfähigkeit gehen zurück. Emotional sind Sie distanzierter, öfter als früher sind Sie gereizt oder müssen Ihre Gefühle »herunterschlucken«. Sie beginnen, sich in Teambesprechungen zurückzuziehen, übernehmen weniger Aufgaben, interessieren sich weniger für Dinge und für Personen in Ihrer Umgebung.

c) über 18 Punkten: Sie sind häufig gereizt und merken dies auch mehr und mehr an den Reaktionen in Ihrer Umgebung. In Besprechungen ziehen Sie sich innerlich zum Teil völlig zurück, sind nur noch »körperlich anwesend«, übernehmen ausschließlich Routineaufgaben. Immer häufiger sagen Sie Termine ab. Sie telefonieren nur noch, wenn es unbedingt nötig ist, haben auch schon öfter das Telefon »durchklingeln lassen«. Gesprächen, auch informellen, mit Ihren Kollegen gehen Sie aus dem Weg. Aufgaben, Mitarbeiter und Kunden werden Ihnen zunehmend gleichgültig, selbst auf Reklamationen oder Beschwerden reagieren Sie kaum mehr. Vielleicht haben Sie es sogar schon erlebt, dass Sie bei einem eigentlich problematischen Vorfall, wie einer Beschwerde, überhaupt nichts mehr empfinden können: Gefühllosigkeit macht sich in Ihnen breit. Sie müssen unbedingt in ärztliche oder psychologische Behandlung! In diesem Stadium des Burnout können Sie sich nicht mehr wirksam selbst helfen. Suchen Sie Ihren Hausarzt auf und informieren Sie Freunde und Familie, dass Sie Unterstützung brauchen. Ein Burnout-Syndrom kann behandelt werden und hat gute Heilungschancen, wenn es nicht zu lange verschleppt wird!

3. Leistungseinschätzung und Zufriedenheit im Beruf
Ihr Gesamtwert für die **Zwischensumme 3** liegt

a) über 18 Punkten: Sie sind größtenteils zufrieden in Ihrem Job, haben die Möglichkeit, Ihre Fähigkeiten einzubringen, und kommen mit Ihren persönlichen Schwächen gut zurecht, sei es, weil diese bei Ihrer Tätigkeit nicht sehr ins Gewicht fallen, sei es, indem Sie Aufgaben, die Sie nicht so gut erfüllen, delegieren können. Sie sehen eine Zukunftsperspektive in Ihrer Arbeit und sehen mit einem guten Gefühl auf Ihre bisherigen Leistungen zurück. Sie denken, einen guten Teil von dem erreicht zu haben, was Sie sich von Ihrem Beruf erhofft haben. Ihre Arbeit erfüllt Sie und gibt Ihnen manchmal sogar Kraft. Sie freuen sich häufig auf Ihre Arbeit und über neue Herausforderungen.

b) zwischen 9 und 18 Punkten: Sie sind oft mit Ihren Leistungen zufrieden, kennen aber hin und wieder das Gefühl, in Ihrem Job nicht am richtigen Platz zu sein. Sie sehen teilweise mehr Ihre Schwächen als Ihre Stärken. Neue Herausforderungen stellen für Sie manchmal eine Last dar.

c) unter 9 Punkten: Sie sind mit Ihren Leistungen schon seit geraumer Zeit nicht mehr zufrieden. Sie erleben kaum mehr Erfolge im Beruf, Ihre Arbeitsleistung sinkt, vielleicht sind Sie von Kollegen oder Vorgesetzten schon einmal darauf angesprochen worden. Sie waren womöglich schon einmal einen oder mehrere Tage wegen Ihrer zunehmenden Erschöpfung und evtl. sich daraus ergebender körperlicher Beschwerden krankgeschrieben.

V. # Warum brenne ich aus?

Beispiel Birgit Lorentz ist erstaunt. Sie, die ehemalige Leistungssportlerin, immer lustig, gesellig und mit einem großen Freundeskreis, ausgebrannt? Wie konnte das sein? Warum ausgerechnet sie?

Es gibt eine Vielzahl von Ursachen für das Ausbrennen. Für Betroffene ist zunächst eine Differenzierung in betriebliche und individuelle Ursachen hilfreich. Menschen mit Burnout-Syndrom denken häufig nicht daran, dass ihr Job die Symptomatik mit verursacht haben könnte, sondern geben sich lange allein die »Schuld« an ihrem Zustand. Oft ermöglicht die Erkenntnis, dass auch berufliche Faktoren zum Burnout führen können, einen inneren Abstand zur Problematik. Dadurch können Lösungswege leichter gefunden werden.

1. Institutionelle Ursachen oder »Warum brennt mein Job mich aus?«

Beispiel Birgit Lorentz erkennt, dass sie sich in ihrem Job nicht wohl fühlt. Sie kämpft mit extrem engen finanziellen Vorgaben. Ihre Aufgabe ist es, einen neuen Vertriebsstandort aufzubauen. Kollegen und Vorgesetzte der Zentrale trifft sie deshalb nur selten. Alles fällt in ihre Zuständigkeit: Büroanmietung, Personalauswahl, Akquise, Beschwerdemanagement und Kaffee kochen für Kunden. Sie fragt sich, ob sie einfach nur schneller sein, noch effektiver arbeiten muss? Oder ist sie hier nicht an der richtigen Stelle?

Zu den *betrieblichen Ursachen* des Burnout gehören zum Beispiel:

- hoher Komplexitäts- und Zeitdruck
- unklare Erfolgskriterien
- hierarchischer »Top-down«-Führungsstil
- ungenügende Handlungsspielräume
- Routine und Langeweile
- unkooperatives Betriebsklima

Auch andere schlechte Arbeitsbedingungen wie nicht reibungslos funktionierende EDV, zu kurze Einarbeitungsphasen, schlechte Verfügbarkeit von Arbeitsmitteln können Gründe für das Ausbrennen sein. Für einzelne Berufsgruppen kommt eine Vielzahl tätigkeitsspezifischer Ursachen hinzu, zum Beispiel bei Lehrern hohe Lärmbelastung im Klassenzimmer oder bei helfenden Berufen starke emotionale Belastung durch schwer- und mehrfachkranke Klienten.

In diesem Buch will ich ganz überwiegend auf die individuellen Ursachen und Möglichkeiten, Burnout zu verhindern, eingehen. Institutionelle Lösungsmöglichkeiten werden nur angedeutet oder in Übungen oder Lösungsbeispielen mit beleuchtet. Dies hat mehrere Gründe. Zunächst ist es wichtig, sollten Sie schon am Rande einer Erschöpfung stehen, dass Sie Ihre persönlichen Möglichkeiten, gegen das Ausbrennen anzusteuern, zuerst kennenlernen. In der Regel haben Sie in den letzten Monaten oder Jahren sehr viel, vielleicht zu viel – und im schlimmsten Fall zuletzt nutzlos – in Ihren Job investiert, haben sich mit guten Vorsätzen und anfangs mit Begeisterung verausgabt: »Wer ausbrennt, muss einmal gebrannt haben!« Sie brauchen Ihre Kraft zunächst für persönliche Veränderungen. Anschließend sind Sie besser gewappnet für mögliche Veränderungen, die Sie in Ihrem Berufsleben anstoßen können. Sie werden in diesem Buch daher viel über individuelle Ursachen für ein Burnout und individuelle Lösungsmöglichkeiten finden, obwohl es auch institutionell eine Reihe von Ansätzen gibt, die aber den Rahmen dieses Buches sprengen würden.

2. Individuelle Ursachen oder »Warum brenne ich aus?«

Als individuelle Ursachen für Burnout gelten persönlichkeitsbedingte Gründe, ungenügende Stressbewältigungsstrategien sowie unrealistische Erwartungen an die Arbeit. Auch finden sich bei Menschen mit Burnout-Syndrom häufig ähnliche Lebensgeschichten.

Persönlichkeit und Arbeitsweise

Da Führungskräfte häufiger als andere Berufstätige ein Burnout erleiden, hat sich die Forschung viel mit ausgebrannten Managern beschäftigt. Dabei fanden sich zwei Typen von (Manager-) Persönlichkeiten, die häufig von Burnout betroffen sind: die sogenannten Typ-A-Manager oder -Persönlichkeiten und sogenannte »unhardy« Manager. Oft finden sich aber auch Nicht-Führungskräfte in diesen Typisierungen gut wieder. So sind einerseits Menschen mit starken Rivalitätsgedanken, Ungeduld, dem ständigen Gefühl von Zeitdruck und hohem Leistungswillen (= Typ A) gefährdet. Diese Menschen brennen meist aus, wenn sie unterfordert sind oder ihr selbst gestecktes Karriereziel nicht erreichen können. Andererseits sind Menschen gefährdet, die eher passiv und wenig optimistisch sind und ihre Umwelt als bedrohlich empfinden (»unhardy«: so nennt man im Englischen Pflanzen, die nicht draußen überwintern können). Sie kommen vor allem mit Änderungen in ihrem Arbeitsumfeld schwer zurecht und geraten bei Umstrukturierungen oder beim Wechsel von Mitarbeitern und Vorgesetzten in Burnout-Gefahr.

Risiko-Arbeitsweisen   Auch die Art, wie jemand arbeitet, hat einen großen Einfluss auf die Burnout-Gefährdung. So spielen Verausgabung und Perfektionismus, Widerstandsfähigkeit gegen Belastungen und vor allem die Fähigkeit, sich von der eigenen Arbeit distanzieren zu können, eine große Rolle. In einer Untersuchung der Universität Potsdam aus dem Jahr 1999 wurden Lehrer in Risikotypen unterteilt. Dabei fielen 70 % der Befragten in eines der zwei Risiko-

Arbeitsmuster »A« und »B«. Rund 40 % der Lehrer weist das sogenannte Risikomuster A auf. Bei dieser Gruppe sind im Vergleich zu anderen die Bedeutsamkeit der Arbeit, die Verausgabungsbereitschaft und das Perfektionismusstreben am stärksten ausgeprägt. Andererseits ist hier der niedrigste Wert in der Distanzierungsfähigkeit zu finden, was bedeutet, dass es diesen Lehrern besonders schwerfällt, Abstand zu den Berufsproblemen zu gewinnen. Sie überfordern sich selbst. Diese Menschen erleben den Widerspruch zwischen großem Arbeitseinsatz einerseits und ausbleibender von Anerkennung andererseits. Burnout-gefährdet sind aber insbesondere auch jene rund 30 % mit dem sogenannten Risikomuster B. Bei ihnen ist berufliches Engagement, also subjektive Bedeutsamkeit der Arbeit und beruflicher Ehrgeiz, vergleichsweise gering ausgeprägt. Resignation, Motivationseinschränkung, herabgesetzte Widerstandsfähigkeit gegenüber Belastungen und negative Emotionen herrschen dagegen vor. Sie sind weitgehend nicht in der Lage, den ihnen gegebenen relativ breiten Handlungsspielraum ihrer Tätigkeit zu nutzen.

Ungenügende Stressbewältigungsmechanismen

Mangelnde Formen der Stressbewältigung gehören zu den häufigsten Ursachen für die Entwicklung eines Burnout.

Bei der Stressbewältigung unterscheidet man grob zwei Formen: das Stressmanagement »im Job« und das Stressmanagement »zu Hause«. Menschen mit schlechter Stressbewältigung im Job haben häufig Defizite in ihrem Zeitmanagement und der Organisation ihrer Arbeit. Die Effizienz ihrer Arbeit ist verringert, eigene Ressourcen können nicht gut genug genutzt werden, Zeitdruck und Überlastung sind groß. Menschen mit schlechter Stressbewältigung außerhalb des Jobs können schlecht oder nur langsam regenerieren, also den beruflichen Stress nur ungenügend abbauen. An beiden Formen des Stressmanagements kann man relativ leicht arbeiten, leichter als es ist, die Persönlichkeit eines Menschen zu ändern. Viele Autoren sprechen auch von Ressourcenmanagement. Das meint, wie eine Person ihre persönlichen (materiellen und vor allem immateriellen) Ressourcen nutzen kann. So weiß man zum Beispiel, dass Menschen, die viele Hilfsmöglichkeiten haben, und sei es nur theoretisch im Kopf, eine Herausforderung an sie als deutlich weniger stressend erleben. Die Möglichkeit, im Grenzfall Hilfe in Anspruch nehmen zu können, lässt die neue Herausforderung leichter erscheinen.

Umgekehrt ist es bei Menschen, die keine Hilfsmöglichkeiten abgespeichert haben und immer gewohnt sind, alles allein zu tun. Sie empfinden eine neue Herausforderung als ungleich größeren Stressor.

Unrealistische Erwartungen

Vor allem in der Ausbildungszeit (Schule, Lehrzeit oder Studium) werden in uns Idealbilder einer erfüllten, sinnvollen und wertvollen Berufstätigkeit erzeugt. Diese Idealbilder stimmen leider nur selten mit den im realen Berufsleben vorgefundenen Bedingungen überein: Oft wird ein motivierter junger Arzt von der Fülle an Formalitäten »erschlagen«, die angehende Juristin leidet an der unerwartet geringen Menge an Eigenverantwortung in den ersten Berufsjahren, die Erzieherin wird durch viele verhaltensauffällige und schwer erreichbare Kinder aus schwierigen Familienverhältnissen in ihrem Bestreben frustriert, allen ihren Schützlingen helfen zu können. Aber auch wenn wir den Job wechseln, sind, bei zu hohen Erwartungen an die neue Stelle, Enttäuschungen, Frust und damit Stress vorprogrammiert: Ein Patient, Patentprüfer beim Patentamt, wechselte die Abteilung in froher Erwartung, endlich mit seinem besten Freund und Kollegen aus Studienzeiten zusammen arbeiten zu können. Dieser entpuppte sich aber in der direkten Kooperation als einer seiner größten Widersacher, wodurch sich die Arbeit viel schwieriger gestaltete als angenommen und letztendlich auch die Freundschaft zerbrach.

Das Reale zu akzeptieren, das Beste daraus zu machen und Ideale dennoch nicht zu verlieren oder zu verraten, ist oft eine schwierige Sache. Zumal für Menschen, die sich ihre persönlichen Ziele immer sehr hoch stecken und nur selten mit sich zufrieden sind. Diese Menschen brennen schneller und leichter aus.

Männer und Frauen haben dabei – im Mittel – etwas unterschiedliche Erwartungen. Männer wollen eher mit eigener Leistung glänzen, brennen also aus, wenn diese Leistung nicht erkannt oder gewürdigt wird. Frauen legen mehr Wert auf ein freundschaftliches Arbeitsumfeld, auf gute Zusammenarbeit im Team. Sie brennen daher eher aus, wenn sie Spannungen mit Mitarbeitern und Kollegen nicht auflösen können.

Typische Lebensgeschichten von Burnout-Betroffenen

Viele Menschen, die im Laufe ihres Lebens ausbrennen, haben gelernt, sich schon von frühester Kindheit an allein »durchzukämpfen«. Eine Patientin, die bei ihren Großeltern aufwuchs, musste sich schon als Achtjährige fast allein durchschlagen, selbst waschen, kochen, einkaufen. Das ist sicher ein extremes Beispiel, aber nicht wenige Kinder müssen *emotional* schon sehr früh »allein zurechtkommen«. Oft sind Ausbrenner »Aufsteiger« oder »mutige Aussteiger« in ihren Familien, z. B. die ersten Akademiker, erste Selbstständige, erste bekennende Homosexuelle. In vielen Herkunftsfamilien wurden schon früh Trotzverhalten, Willensäußerungen und Grenzziehungen unterdrückt oder zumindest wurde der Ausdruck eigener (Unmuts-)Gefühle nicht gefördert. Zwanghaftes und kontrollierendes Verhalten ist in diesen Familien häufiger an erster Stelle vor emotionalem Austausch zu finden, oder die gefühlsmäßige Bindung ist vorwiegend auf ein Elternteil beschränkt.

Hohe Leistungsmaßstäbe sind in Familien von Burnout-Betroffenen gang und gäbe. So sind viele Ausbrenner ehemalige Leistungssportler, die ihr sportliches Verhalten auch auf das Berufsleben übertragen: Nur erste Plätze zählen, alles andere heißt »nicht geschafft«. Der Vater einer Patientin war zum Beispiel sehr sportlich und spornte seine Tochter stets zu Höchstleistungen an. Er freute sich überschwänglich mit ihr über ihre Wettkampferfolge und begleitete sie von Turnier zu Turnier. Liebe vom Vater war – so kam es bei der Tochter an – nur durch Leistung zu gewinnen.

Die Lebens- und Familiengeschichten von Menschen, die ausbrennen, sind oft geprägt von starker Verknüpfung von Liebesbeweisen mit Leistung. Häufig leben die Familien sozial isolierter als andere. Trotz – oder gerade wegen – dieser Besonderheiten wird von Eltern auffallend häufig Solidarität und Zusammenhalt innerhalb der Familien eingefordert.

3. Woher kommt, wohin geht meine Kraft?

Viele meiner Patientinnen und Patienten arbeiten bis zu 60 oder gar 70 Stunden pro Woche in ihrem Job. Für manch einen ist die Karriere fast zur Ersatzreligion geworden. Buchstäblich alles wird ihr geopfert: eigene Familie, Freizeit, andere Leidenschaften, Ruhe, Einkehr... Und alles soll uns die Karriere geben – und sie gibt es uns nicht! Machen Sie einmal eine Aufstellung, was Ihnen in Ihrem Leben Energie gibt und was Ihnen Energie abzieht. Viele meiner Patienten kommen am Anfang der Behandlung zu der erschreckenden Selbsteinschätzung, dass sie gefühlte 80 % mehr Energie verbrauchen als sie einnehmen! Dadurch wird oft erst klar, dass das nicht lange so weitergehen kann.

Übung

Was in Ihrem Leben gibt Ihnen Kraft? Wohin fließt Ihre Energie, für was »geben« Sie sie »aus«? Zeichnen Sie hierfür zwei Kreise: Den ersten für die Energie, die Sie bekommen (Woher kommt meine Lebensenergie?), den zweiten für die Energie, die Sie verbrauchen (Wohin fließt meine Lebensenergie?). Sind diese »Energietorten« gleich groß, oder ist womöglich der Kreis »Woher« kleiner als der andere? Teilen Sie Ihre »Energietorten« in Stücke: Aus welchen Bereichen kommt/wohin fließt wie viel meiner Kraft? Themen können zum Beispiel sein: Arbeit, Freunde, Familie, Hobby, Haushalt, Kinder, Partner und andere. Beschriften Sie die einzelnen Stücke und markieren Sie sie farbig.

Woher kommt   **Wohin fließt**

meine Lebensenergie?   **meine Lebensenergie?**

Fallbeispiel Katharina, 42, Rechtsanwältin in einer großen Kanzlei, ist erschöpft und ausgebrannt. Sie arbeitet seit einem Jahr etwa 60–70 Stunden pro Woche, hat seit neun Monaten keinen Urlaub mehr genommen. Ihre Familie und ihre Freunde kontaktiert sie nur noch per Telefon, und selbst dazu ist kaum mehr Zeit. Ihr geliebtes Hobby Singen hat sie seit Antritt ihres neuen Jobs vor einem Jahr nicht mehr ausgeübt, sie leidet immer häufiger an Infektionen und Rückenschmerzen. Nach der Frage, woher und wohin ihre Lebensenergie kommt und wohin sie fließt, malt sie ihre »Energietorten« wie folgt:

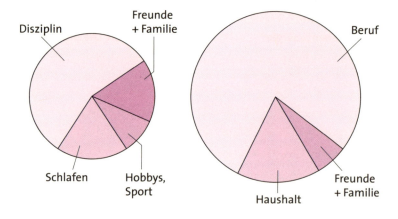

VI. Wege aus dem Burnout

Beispiel

Birgit Lorentz entdeckt ihre »zwei Männchen« auf den Schultern: Das erste sagt immer »geh aufs Ganze, du musst das schaffen, du darfst nie versagen, weiter – schneller – höher!«, das zweite »ruh dich aus, nimm's leichter, leg dich ein Wochenende lang ins Bett«. Hintergrund: ein ungelöster Vater-Tochter-Konflikt. Der Vater war – wie Birgit – sehr sportlich und spornte seine Tochter stets zu Höchstleistungen an. Liebe vom Vater war – scheinbar – nur durch Leistung zu gewinnen. Daher blieb das erste Männchen immer das lautere, ließ auch in völlig aussichtsloser Lage nicht locker. Das führt nun, beim falschen Arbeitgeber, zur Erschöpfung aller seelischen und körperlichen Kräfte, zum Burnout. Das Sich-Verdeutlichen dieses Konflikts macht den Weg frei für eine Lösung: dem leisen Männchen mehr Gehör schenken, in ihm die – nicht so offensichtliche – Liebe des Vaters erkennen.

Wie schon anfangs beschrieben, halte ich drei Themen für vorrangig, um Burnout zu vermeiden: Grenzen erkennen, Regenerieren und Delegieren. Dabei ist es nicht so wichtig, welches Ihr erster Schritt ist. Fangen Sie mit dem an, was Ihnen am leichtesten fällt: Erste Erfolge werden Sie umso mehr beflügeln! Eine 41-jährige Patientin, die vor allem große Schwierigkeiten hatte, ihre eigenen Grenzen zu spüren und zu achten, begann damit, einer Haushaltshilfe zwei Stunden Hausarbeit pro Woche zu delegieren. Schon in der Planungsphase, also bevor die Hilfe das erste Mal zu ihr kam, konnte sie sich ausmalen, was sie alles mit diesen wunderbaren, gewonnenen Stunden anfangen könnte

Machen Sie es sich nicht so schwer: Fangen Sie mit dem Leichtesten an!

(sich bei Gartenarbeit und dem Genießen ihres Gartens zu erholen, ein Buch lesen). Allein durch diesen – erst theoretischen – Freiraum war es ihr möglich, Regenerationsmöglichkeiten zu erdenken. Zufälligerweise kam die Haushaltshilfe aus nicht vorhersehbaren Gründen nur ein einziges Mal. Aber das genügte für die Patientin, um Geschmack daran gefunden zu haben »Ich habe Blut geleckt, ich weiß jetzt, wie gut mir das tut«. Durch die neue Sichtweise und die neu gewonnene Energie konnte sie nun auch gelassener akzeptieren, wo ihre Grenzen lagen. Davor hatte sie immer gedacht: »Das muss gehen, das musst du machen, du bist faul und träge, wenn du nicht den Haushalt ganz allein schaffst!« Sie merkte nun, dass sie in den gewonnenen Stunden viel schönere und sogar nützlichere Dinge tun konnte, die ihr auch viel mehr Lebensfreude brachten. Auch ihr Partner freute sich: »Du jammerst gar nicht mehr, bist fröhlicher und beschwingter, ja sogar aktiver als zuvor!«

Teilen Sie sich mit!

Fangen Sie also mit etwas an, das Ihnen vergleichsweise leichtfällt. Suchen Sie sich ein Thema in diesem Kapitel aus, das Sie anspricht. Und teilen Sie es z. B. der Familie oder guten Freunden mit. Denn wenn diese Ihre Bemühungen und auch die ersten Erfolge bemerken, können sie Sie noch zusätzlich motivieren.

Die übliche Reihenfolge: 1. Regenerieren, 2. Delegieren, 3. Grenzen erkennen lernen

Allerdings ist es für die meisten Menschen, anders als bei der Patientin im obigen Beispiel, am einfachsten, mit dem Regenerieren zu beginnen, gefolgt vom Delegieren und dem Grenzen erkennen. Dies liegt zum einen daran, dass die Unfähigkeit zu regenerieren bei Frauen meist das stärkste Symptom ist (siehe dazu auch »Phasen des Burnout«). Daher ist es meist wichtig, dieses zentrale Symptom zuerst anzugehen, um zunächst einmal Energie zu tanken. Zum anderen ist Regenerieren für jeden Menschen ein vertrautes Thema: Jeder hat in seinem Leben schon einmal Regenerationsmöglichkeiten praktiziert. Und es ist immer leichter, an dem anzusetzen, was man schon kennt, was man wieder erinnern und hervorholen kann.

Die beiden anderen Themen, Delegieren und Grenzen erkennen, sind meist schwieriger umzusetzen. Delegieren bedeutet in der Regel, Hilfe anzunehmen, und das ist schwierig, da die Menschen, die zum Ausbrennen neigen, immer glauben, alles allein können zu müssen. Und Grenzen spüren und erkennen ist in der Regel ein vielschichtiges Thema, das viel mit der Lebens- und Familiengeschichte zu tun hat, also tief verwurzelt und daher oft am schwierigsten anzugehen ist. Beginnen wir also mit dem Regenerieren.

1. Regenerieren: Energiequellen (wieder) entdecken

Ora et labora »Bete und arbeite« – ist der Leitspruch der Benediktiner, des ältesten katholischen Mönchsordens im Abendland. Diese Tradition des Benediktinerordens stand anfangs im Kontrast zu den Orden, die einzig die reine Kontemplation als Weg zu Gott ansahen. Die Arbeit bietet den nötigen Ausgleich und sichert gleichzeitig den Lebensunterhalt der Gemeinschaft.

Heutzutage ist für viele nichtreligiöse Menschen das Arbeiten häufig an die erste Stelle gerückt. Doch es heißt nicht »labora et ora«, sondern umgekehrt: *bete* und arbeite. Das Besinnen, Beten oder wie immer es der moderne Mensch für sich übersetzt, kommt vor dem Arbeiten, ja, ohne Besinnung ist das Arbeiten womöglich gar nicht möglich?

Zumindest ist arbeiten auf Dauer nicht ohne zugehörige Ruhepausen denkbar. Gute Trainer planen nicht nur minutiös die Trainings- und Wettkampfphasen, sondern auch die Ruhephasen ihrer Sportler. Ruhepausen und individuelle Ruhe-Rhythmen sind für die modernen Menschen genauso wichtig wie für unsere Vorfahren. Nicht umsonst gibt es in den meisten Kulturen seit Jahrtausenden einen Sieben-Tage-Rhythmus mit sechs Tagen Arbeit und einem Tag Ruhe.

Finden Sie zu mehr Gelassenheit, indem Sie Ihr Leben durch die Abwechslung von Ruhe und Arbeit ins Gleichgewicht bringen. Lernen Sie wieder, sich zu regenerieren: durch persönliche Kontakte, Hobbys und Leidenschaften und Entspannungstech-

Am siebten Tage sollst du ruhen

niken, die es Ihnen auch während eines aufreibenden Arbeitstages ermöglichen, kurz zur Ruhe zu kommen. Finden Sie, wie ein guter Sportler, Rhythmen für Ihre persönlichen Trainings-, Wettkampf- und Ruhezeiten. Und lernen Sie, sich über Ihre kleinen und großen Erfolge so zu freuen und zu belohnen, dass Sie wieder beschwingt und ohne Druck an neue Herausforderungen herantreten können.

Beispiele für kleine oder große Belohnungen können sein:

- eine kurze Pause machen (s. a. Übung »Kurzpausen« auf Seite 67)
- eine Kerze anzünden
- ein Parfüm, einen Duft zu benutzen, der für solche besonderen Momente reserviert ist
- einen Freund/eine Freundin anrufen und ihr/ihm von Ihrem Erfolg berichten
- ein spontanes Fest feiern
- sich einen besonderen Abend gönnen: im Restaurant, mit Freunden, im Theater oder Kino etc.
- einen Urlaub buchen

Wichtig ist dabei in der Regel nicht die »Größe« der Belohnung, sondern dass Sie sich die Belohnung ganz bewusst und verlässlich nehmen oder besser geben. So trainieren Sie es selbst, immer wieder stolz auf sich und zufrieden mit sich zu sein. Ein Gefühl, das viele Ausgebrannte »verlernt« haben.

Kontakte zu Freunden, Familie

Eine funktionierende, intensive Partnerschaft gehört, darin sind sich die Experten der Glücksforschung einig, zu den Faktoren, die das Lebensglück am meisten fördern. Auch gute, verlässliche Freundschaften tragen viel zur Lebenszufriedenheit bei.

In meinen Burnout-Präventions-Seminaren rate ich immer, *intensive* Kontakte zu Freunden und Familie zu halten. Was damit gemeint ist, illustriert ein Beispiel aus meiner Praxis. Nach einem knappen halben Jahr Behandlung kam ein Patient in die Therapiestunde und meinte: »Jetzt bin ich über den Berg!« Warum? Er hatte sich am Vorabend das erste Mal seit langem mit seinem Sohn gestritten. Das war seit 2 Jahren nicht mehr vorgekommen, obwohl seine beiden Söhne in der Pubertät waren! Stets hatte seine Frau ihm jegliche Auseinandersetzungen und Arbeiten zu Hause abgenommen, er hatte nur noch seine Beine hochgelegt, um Entspannung herbeizuführen, was ihm von Tag zu Tag weniger möglich wurde. Nun hatte er zum ersten Mal wieder eine echte Auseinandersetzung mit seiner Familie gehabt und merkte umso mehr, wie wenig er zuvor zu »echtem« Kontakt fähig gewesen war.

Intensive Kontakte zu haben bedeutet, auch Auseinandersetzungen zu erleben, sich aneinander zu reiben, nicht nur nebeneinanderher zu leben. Eine Patientin hatte in einer schweren Burnout-Situation praktisch keine Kontakte mehr zu Freunden, obwohl sie von Haus aus eine sehr offene Person war und einen großen Bekannten- und Freundeskreis aufgebaut hatte. Im langen Burnout-Prozess (über mehr als eineinhalb Jahre) waren diese Beziehungen immer mehr auf Kosten der Arbeit eingeschränkt worden, Dienstreisen und Arbeitsanforderungen gingen immer vor. Erst im Verlauf der etwa einjährigen Behandlung knüpfte sie nach und nach wieder alte und neue Kontakte und nahm sich deutlich mehr Zeit für ihre Partnerschaft.

Intensive Kontakte zu Freunden und Familie

Eine typische Situation: Gerade in der dem Ausbrennen oft vorgeschalteten Phase der Überaktivität werden Kontakte vernachlässigt. Betroffene glauben, kleine Misserfolge im Beruf durch Mehrarbeit ausgleichen zu müssen. (Fast) alles wird geopfert, manche lösen sich sogar aus Partnerschaften, weil sie meinen, diese hinderten sie an ihrem beruflichen Erfolg. Oder sie geben die Beziehung auf, weil sie sowieso keine Zeit mehr für den Partner haben. Der Job wird zum zentralen Dreh- und Angelpunkt im Leben. Nach einer gewissen Zeit werden Erfolgserlebnisse und Zufriedenheit nur noch im Rahmen von beruflichen Tätigkeiten wahrgenommen. Wenn dann die Misserfolge im Job zunehmen, weil eine Regeneration kaum mehr möglich ist, gibt es kein soziales Netz mehr, das Ausgleich geben kann – und dann beginnt ein sich schnell schließender Teufelskreis.

Hobbys pflegen

Ähnlich wie mit Freundschaften und familiären Beziehungen ist es mit Hobbys. Sie werden oft noch früher als familiäre oder freundschaftliche Beziehungen aufgekündigt. Viele Patienten muss ich wiederholt fragen, was für Hobbys sie denn einmal hatten, oft müssen wir dabei bis in die Schulzeit oder Ausbildungszeit zurückgehen, da seit Jahren keine Hobbys mehr praktiziert wurden. Und wenn doch, so haben sie häufig – wie der Beruf – einen Leistungscharakter (Marathon laufen, exzessives Fitnesstraining, Hobby als Nebenjob...).

Übung

Was in Ihrer Kindheit, Jugend, Ausbildungzeit hat Ihnen Kraft gegeben? Notieren Sie hier alle Möglichkeiten, die Sie erinnern können, gehen Sie dazu am besten Ihren Lebenslauf durch, v.a. die Phasen Ihres Lebens, in denen Sie viel Energie hatten und sich ausgeglichen fühlten.

Was hat mir früher Kraft gegeben?

_____

_____

_____

_____

_____

_____

_____

_____

_____

_____

Übung

Machen Sie nun eine Liste mit den Dingen, die Ihnen jetzt noch gefallen würden, und ordnen Sie sie nach dem dafür nötigen Zeitaufwand, wobei das am wenigsten Aufwändige zu Beginn stehen sollte. Wenn Sie mögen, zeichnen Sie zu jeder dieser Möglichkeiten ein kleines »Logo« (z. B. ein Smiley für den Plausch mit der Kollegin, ein Gipfelkreuz für eine Bergwanderung – so werden die Dinge für Sie einprägsam). (Denken Sie an Plakatwerbung: In der Regel merken wir uns nicht die Texte, sondern wie die halbnackte Dame Ihre Beine gezeigt hat …)

Was könnte mir jetzt Kraft geben? Geordnet nach Aufwand, das am wenigsten Aufwändige zuerst	Logo
1.	
2.	
3.	
4.	
5.	
6.	
7.	
9.	
10.	

Die meisten Freizeitbeschäftigungen meiner Patienten erfordern Aktivität, passive Regenerationsmöglichkeiten kommen kaum vor. Viele Patienten berichten, dass sie zum Beispiel erst nach einer Stunde Joggen oder ähnlich erschöpfenden Tätigkeiten eine Entspannung verspüren. Sich einfach mal für ein paar Minuten zurücknehmen, ausklinken, ruhig durchatmen kennen die meisten schon seit Jahren nicht mehr. Eine Patientin hatte zu Beginn der Behandlung genau eine Stunde pro *Woche*, in der sie *nicht* aktiv war: Sie besuchte sonntags den Gottesdienst. Aus dieser Ressource, die meditativ und regenerativ zugleich war, konnten in der Behandlung andere, passiv entspannende, Verhaltensweisen aufgebaut werden, wie Autogenes Training, Ruhetage im Urlaub, kurze Besinnungspausen im Alltag. Anderen Patienten helfen in der Anfangszeit feste Arbeits- und Frei-Zeiten, zum Beispiel klare zeitliche Vorgaben (»Ich arbeite maximal 1 Tag pro Woche länger als 20 Uhr abends; »Sonntag ist mein absolut freier Tag«). Viele notieren diese zu Beginn als feste Termine im Kalender, um nicht an ihnen »vorbeizukommen«.

Warum sind solche Ruhe-Phasen nicht ersetzbar durch Aktivität? Warum ist es ab und zu notwendig, still zu liegen, statt zum Beispiel Sport zu treiben oder ein Projekt zu Ende zu bringen? Hochleistungssportler, die sehr auf ihren Körper achten, erkennen zum Beispiel erste Anzeichen einer Erkältung sehr früh. Sie gehen damit im besten Falle so um, dass sie sich gleich einen halben Tag ins Bett legen. Und lassen so ihren Körper wieder zur Ruhe kommen, geben ihm so die Möglichkeit, die Infektion zu bekämpfen. So sind sie am nächsten Tag wieder fit. Wer seine Signale nicht so gut kennt oder wer sich keine noch so kleine Auszeit gönnt, ist körperlich, aber auch psychisch, leichter verletzbar. Sportler wissen, dass sie nach einer harten Trainingseinheit dafür sorgen müssen, dass ihr Puls, ihr Blutdruck und andere physiologische Zeichen wieder in den Ruhezustand kommen. Burnout-gefährdete Menschen nehmen diese Signale schlechter wahr oder können sie nicht als Warnsignal einordnen.

Leidenschaften entwickeln; Liebe zu Kultur, Natur, Lebewesen

»Mein Beruf ist meine Leidenschaft!«: Dieser Satz ist bezeichnend für viele Burnout-gefährdete Menschen, denn: »Wer ausbrennt, muss einmal gebrannt haben.« Die Mehrheit ist mit ihrem Beruf »verheiratet«. Über diese Leidenschaft geht lange Zeit nichts. Für anderes ist kein Platz mehr.

Oft wissen Betroffene gar nicht mehr, was sie früher einmal – außer ihrem Beruf – begeistert hat. Wie Anna, die am Anfang ihrer Behandlung wochenlang fast ausschließlich über ihren Beruf sprechen konnte. Selbst wenn ich andere Themen ansprach, wie Freundschaften, Hobbys, Interessen, schwenkte sie in wenigen Minuten wieder auf berufliche Themen um. Erst nach vielen Gesprächen wurde ihr dies bewusst und konnte sie es zulassen, dass da außer ihrem Job fast nichts mehr war in ihrem Leben, das sie liebte. Sie wurde traurig und brach bei Fragen nach außerberuflichen Dingen immer öfter in Tränen aus. Erst nach etwa drei Monaten, in denen sie schließlich, ohne sich selbst Vorwürfe zu machen, erkennen konnte, dass sie nur noch für ihren Beruf gelebt und nach und nach alles andere aufgegeben hatte, konnte sie die Sehnsucht nach diesen anderen Dingen, wie Freundschaften, Hobbys und anderen Leidenschaften (sie war früher eine begeisterte Musikerin gewesen), zulassen.

> »Was habe ich noch, wenn ich meinen Beruf nicht mehr habe?«
>
> Sonja, Vertriebsdirektorin

Anna kaufte sich einen Hund. Weil sie für ihn verantwortlich war, »musste« sie nun täglich mehrmals spazieren gehen, raus in die Natur, erlebte Eindrücke, die sie seit Jahren nicht mehr wahrgenommen hatte, und »verliebte« sich sowohl in ihren Hund als auch in die Landschaft um sie herum. Sie musste so auch gelegentlich einen beruflichen Termin wegen ihres Hundes verschieben, was es zuvor nie gegeben hatte, Berufliches war immer vorgegangen. Sie hatte Leidenschaft und Liebe außerhalb des beruflichen Lebens wiederentdeckt.

Andere Leidenschaften sind (wiederentdeckte) Begeisterung für Kunst und Kultur, für Pflanzen oder Tiere. Eine Patientin engagierte sich im Tierschutzbund – musste dabei allerdings darauf achten, sich dort nicht wieder so sehr zu engagieren, dass sie unter Leistungsdruck geriet. Aber sie konnte auf dieser »Spielwiese«, aus der sie ja, anders als im Beruf, jederzeit hätte aussteigen können, viele Verhaltensweisen (wie zum Beispiel etwas nicht so intensiv zu bearbeiten, wie es eigentlich ihr erster Impuls gewesen wäre, oder Spannungen im Team zu empfinden und zu besprechen) lockerer als im Beruf ausprobieren und später auch im Beruf für sich gewinnbringend umsetzen.

Denken Sie daran, dass Sie außer Ihrer Leidenschaft für den Beruf noch andere Leidenschaften brauchen. Denn Sie sind, wenn Sie zu den Burnout-Gefährdeten gehören, ein leidenschaftlicher Mensch. Sie brauchen andere Leidenschaften, nicht zuletzt, um Missgeschicke im Beruf nicht als existenziell bedrohlich zu erleben. Und wenn der Beruf eines Tages mit Erreichen des Rentenalters ganz oder aus anderen Gründen vorübergehend wegfällt, dürfte die »vorprogrammierte« Leere nicht so angsterregend sein. Und Leidenschaften befruchten sich gegenseitig. So erlebte Anna, dass auch ihr Beruf ihr wieder viel mehr Freude bereitete, seit sie immer wieder mit ihrem Hund ganz und gar »abtauchen« und die Arbeit vergessen konnte.

Übung   **Welche Themen haben Sie im Laufe Ihres Lebens begeistert?**

Themen, die mich früher einmal begeistert haben

_____

_____

_____

_____

_____

_____

_____

Für welche Themen kann ich mich jetzt begeistern?

_____

_____

_____

_____

_____

_____

_____

Entspannungstechniken

Es gibt eine Fülle von Entspannungsverfahren. Yoga zum Bei- Je einfacher,
spiel, der Favorit von Stars wie Gwineth Paltrow, Madonna und desto besser
Sting. Es entfaltet seine Wirkung nach 1–2 Jahren Training. Weitere fünf Jahre sind nötig, damit man sich nicht mehr als Dilet-
tant fühlt. Nochmals sieben Jahre, und der Geist fängt an, sich
zu befreien. Wer ausgebrannt ist, kann nicht so lange warten.

Für Burnout-Gefährdete und Ausgebrannte muss es schneller
gehen. Nach Untersuchungen an Lehramtsstudenten ist der
wirkungsvollste Schutz gegen Ausbrennen die Information über
Burnout in Kombination mit dem Erlernen einer Entspannungs-
methode wie dem Autogenen Training. Gut sind Methoden der
Entspannung, die schnell gelernt und auch ohne allzu großen

Info

Autogenes Training ist eine Methode der Selbstbeeinflussung, der Autosuggestion.
Dabei wird das Ziel verfolgt, sich selbst mithilfe von Formeln (z.B. »Ruhe kommt von
selbst« »Linker Arm ganz schwer«) in einen Zustand der Entspannung zu versetzen. Formeln und Sätze werden nicht vom Therapeuten vorgesagt. Vielmehr hat jeder Übende
seine eigenen Formeln, mit denen er sich beeinflusst. Sie werden in Gedanken ausge-
sprochen. Zunächst werden die Übungen in möglichst entspannten Momenten trai-
niert um eine Kopplung von Formeln und körperlicher sowie psychischer Entspannung
zu erlangen. Später kann so auch unter Stress durch die Formeln ein Zustand der Entspannung selbst herbeigeführt werden.

Bei der **Progressiven Muskelentspannung** nach Edmund Jacobson handelt es sich
um ein Verfahren, bei dem durch die willkürliche und bewusste An- und Entspannung
bestimmter Muskelgruppen ein Zustand tiefer Entspannung des ganzen Körpers
erreicht wird. Dabei werden nacheinander die einzelnen Muskelpartien in einer bestimmten Reihenfolge zunächst angespannt, die Muskelspannung wird kurz gehalten,
und anschließend wird die Spannung gelöst. Ziel des Verfahrens ist eine Senkung der
Muskelspannung unter das normale Niveau aufgrund einer verbesserten Körperwahr-
nehmung. Mit der Zeit lernt die Person, muskuläre Entspannung herbeizuführen, wann
immer sie dies möchte. Zudem können durch die Entspannung der Muskulatur auch
andere Zeichen körperlicher Unruhe oder Erregung reduziert werden, wie beispielsweise Herzklopfen, Schwitzen oder Zittern.

Aufwand praktiziert werden und in den Alltag integriert werden können. Dazu gehören in erster Linie das Autogene Training und die Progressive Muskelentspannung nach Jacobson. Diese Methoden können Sie auch in einer Kurzform praktizieren, mit einer Übungsdauer von wenigen Minuten. Dadurch sind diese Verfahren, anders als zeit- und material- oder raumabhängige Verfahren, einfach und universeller einsetzbar. So können Sie im Zug, im Flugzeug, bei jeder noch so kleinen Wartepause, im Bürostuhl, vielleicht sogar auf einem der zahlreichen Meetings ein paar Sekunden kurzentspannen. Ein weiterer Vorteil: Sie können sie bei fast jeder Volkshochschule erlernen.

Für viele ausgebrannte Patienten ist ein Entspannungsverfahren ein guter Einstieg in die Möglichkeit, sich zu regenerieren, ohne sich dafür zuvor (körperlich) verausgaben zu müssen.

Bringen Sie Ruhe in Ihren Alltag

Ruhe in den Alltag bringen: Das ist leichter gesagt als getan. Die meisten meiner Patienten kennen das gar nicht mehr: Ruhe im Alltag. Ihr Leben wird von Hektik und Stress, von Terminen und To-do-Listen bestimmt. Wie Andrea, die keine fünf Minuten still sitzen konnte, um z. B. ihren Garten zu genießen. Sofort ging ihr durch den Kopf, was sie noch alles zu erledigen hätte, wie sie ihre Zeit optimieren könnte, was sie noch nicht perfekt erledigt hatte. Sogar im Urlaub bekam sie ein schlechtes Gewissen, wenn sie sich nicht nach spätestens drei Tagen mit ihren Fachbüchern beschäftigte, die sie seit über zehn Jahren in jedem Urlaub dabeihatte. Unruhig wurde sie auch, wenn sie nicht nach kürzester Zeit der Muße wieder aktiv wurde, ein oder zwei Tage am Strand waren mehr als genug!

Jahrelang immer am oberen Limit

Viele Ausgebrannte wissen nach vielen Jahren der Überaktivität gar nicht mehr, wie sie entspannen könnten. Aber, mit ein wenig Geduld und Unterstützung können die meisten durch Rückbesinnung wieder erinnern, was ihnen einmal geholfen hatte. Ein erster Schritt hierfür kann sein, dass sie versuchen, in Gedanken ganz bewusst abzuschalten. Formulieren sie Gedanken, die zum Beispiel Abgrenzung ermöglichen. So konnte Claudia, eine Berufsschullehrerin, in den Unterrichtspausen nicht durch die Schule gehen, ohne sich aufgefordert zu fühlen, mit Schülern oder Kollegen in Kontakt zu treten, also zum Beispiel jeden und jede freundlich zu grüßen. Erst als sie bewusst Gedanken formulierte wie: »Ich bin jetzt in der Pause«; »Es ist nicht notwendig, dass ich zu jedem Menschen Blickkontakt habe«, konnte sie gedanklich, und auch körperlich für sie spürbar, in den Pausen besser abschalten und sich so außerdem besser auf die nachfolgende Unterrichtsstunde einstellen.

Versuchen Sie sich zu erinnern, was Ihnen früher einmal (das kann bis in die Kindheit zurückgehen) Ruhe gegeben hat. Gehen Sie Ihre Lebensphasen durch und überlegen Sie sich, wann Sie glücklich, ausgeglichen und entspannt waren. Warum könnte dies in genau dieser Lebensphase so gewesen sein? Was war anders als jetzt? In welchen Momenten fühlten Sie sich damals besonders wohl und gibt es vergleichbare Situationen in Ihrem jetzigen Leben, und wenn, dann wie häufig?

Nun können Sie aus dieser Aufstellung vielleicht schon sehen, welche Bereiche Ihres Lebens in der augenblicklichen Situation zu kurz kommen, welche Bedürfnisse nach Ruhe zur Zeit wenig befriedigt werden. Vielleicht sehen Sie auch schon, was jetzt im Vergleich zu früher fehlt und was Sie davon wieder mehr in Ihr Leben einführen können.

Oft sind dies aber Dinge, die gar nicht so einfach zu verwirklichen sind. Zum Teil, weil sie nicht über Nacht zu »bekommen« sind, wie eventuell ein anderer Wohnort oder eine Partnerschaft. Möglicherweise fehlt Ihnen aber auch die Ruhe, wie vielen meiner Patienten, um überhaupt Wege und Möglichkeiten zu finden, diese Dinge zu verwirklichen. Für diese Situation habe ich in meiner Praxis gute Erfahrungen mit einer persönlichen Liste an Kurzpausen-Vorschlägen gemacht. Denn viele Burnout-Gefährdete und -Ausgebrannte haben sich abgewöhnt, *während* ihrer Arbeit kurze Pausen einzulegen. Ein Wechsel in der Spannungskurve untertags ist nicht möglich und gerade deswegen so nötig. Schon allein deshalb, weil Sie sonst »unter Volldampf« am

Übung

Lebensphase	In welchen Momenten fühlte ich mich besonders wohl?	Was gab mir Ruhe?
Kindheit		
Jugend		
Ausbildung		
Beginn der Berufstätigkeit		

Abend »rauskommen« und dann viel länger brauchen, um abzu-schalten. Mit eingestreuten Kurzpausen können Sie somit ver-hindern, dass Ihre Anspannungskurve »ungebremst« bis zum Arbeitsende ansteigt. Die folgende Abbildung soll – stark verein-facht – illustrieren, wie ein Arbeitstag mit Kurzpausen im Ver-gleich zu einem Arbeitstag ohne Pausen verlaufen kann.

Am besten, Sie malen sich Ihr persönliches Plakat mit mög-lichen kurzen Pausen an Ihrem Arbeitsplatz. So haben Sie stets Ihre Möglichkeiten vor Auge, und das ist vor allem in der Anfangs-

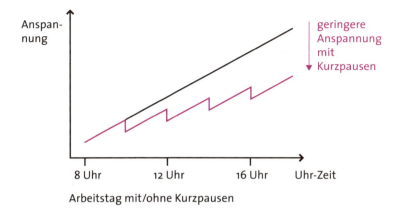

Arbeitstag mit/ohne Kurzpausen

phase sehr wichtig, da Ihnen diese meist nicht parat sind und noch weniger leicht von der Hand gehen. Ein Patient meinte hierzu einmal: »Was Pausen betrifft, da fange ich jetzt erst an zu laufen wie ein kleines Kind. Das muss ich wirklich von Beginn an lernen und brauche noch viel Unterstützung und Übung dabei.« Sehen Sie das Plakat mit Kurzpausen als Unterstützung, als Ihre »Lauflernhilfe«.

Plakat mit Kurzpausen: **Übung**

Malen Sie ein persönliches Plakat für Ihre Ruhepausen. Machen Sie es möglichst bunt und mit klarer Aussage, »plakativ« eben. Verwenden Sie möglichst viele Bilder oder Logos (wie Smileys oder Strichmännchenzeichnungen). Bilder sind einprägsamer als Worte. Machen Sie sich ein Plakat für jeden Raum, in dem Sie arbeiten. Legen oder heften Sie das Plakat an eine oft benutzte Stelle, z. B. in die Innentür Ihres Schrankes oder in eine Schreibtischschublade. So können Sie sich Stück für Stück Ihre möglichen Kurzpausen einprägen. Wählen Sie wirklich kurze Pausen, die so oft und so schnell wie möglich realisiert werden können, ein paar Beispiele finden Sie unten.

Beispiele für Kurzpausen während des Arbeitstages sind:

1. Kurz vom Stuhl aufstehen
2. Fenster öffnen
3. Berühren eines vertrauten, geliebten Gegenstandes
4. Autogenes Training oder Progressive Muskelentspannung
5. Kaffee/Tee/Wasser trinken
6. Schwatz mit Kollegen

Bei allen Übungen zur Entspannung ist eines besonders wichtig: Beginnen und beenden Sie die Übung, die Kurzpause, möglichst bewusst. Vor allem, wenn Sie ein Entspannungstraining einüben, lassen Sie sich genügend Zeit für den Einstieg. Sorgen Sie, vor allem zu Beginn, dafür, dass Sie diese Pausen gut vorbereiten. Suchen Sie sich einen ruhigen Ort aus, sorgen Sie dafür, dass Sie sich wohl fühlen, und schaffen Sie gute Bedingungen, sodass niemand Sie stören kann. Zum Beispiel durch ein Schild: »Bitte nicht stören«, dadurch, dass Sie Ihre Tür abschließen oder Kollegen informieren, dass Sie fünf Minuten ungestört sein wollen.

Zeit zum Einstimmen
Viele meiner Patienten beginnen anfangs die Entspannungsübungen, ohne sich einen Moment zu besinnen. Wie Helmut, der, sobald ich die ersten Erklärungen gegeben hatte, sofort die Augen schloss, um ohne Aufschub mit der ersten Übung zu beginnen. Diese Patienten bitte ich, sich zunächst einmal im Zimmer umzuschauen, aufzustehen, ein wenig umherzugehen, um den Raum um sich herum zu erkunden. Anschließend bitte ich sie, sich zu überlegen, ob sie gerne ein Fenster öffnen oder das Licht gedämpft haben möchten, und fordere sie auf, diese Möglichkeiten zu testen. Anschließend bitte ich darum, eine angenehme Sitzhaltung oder Liegeposition zu finden. Und erst dann beginnt die Übung! Zu Anfang brauchen Menschen, die lange nicht mehr auf ihre körperlichen wie psychischen Empfindungen geachtet haben, sie übergangen haben, viel Zeit, um diese wieder wahrzunehmen. Sonst können auch die Übungen nicht zum gewünschten Erfolg führen. Erst als Helmut sich in Ruhe darauf vorbereitete, verspürte er zum ersten Mal Schwere

in seinen Armen. Erst durch die Anleitung, auf welche Körperteile (Arme, Rücken, Nacken, Bauch etc.) er achten könne und welche Empfindungen dabei möglich wären (Schwere, Leichtigkeit, Stechen, Prickeln, Pulsieren etc.), konnte er die einzelnen Körperregionen und Empfindungen wahrnehmen. Vorher hatte er kaum etwas verspürt, schon gar keine Entspannung. Er war in einer Familie aufgewachsen, in der Vater, Mutter und andere Angehörige nie über Empfindungen sprachen, stattdessen wurde viel Alkohol getrunken. Er hatte von Kindheit an seine Gefühle und Sinneswahrnehmungen kaum ausgedrückt und auch kaum empfinden oder gar beschreiben können.

So sollten Sie, anfangs, auch mit Ihren Pausen umgehen. Sie werden bald die Umgebung, das Licht und die Position herausgefunden haben, die Ihnen am meisten behagt. Wenn Sie dies am Anfang versäumen, erzielen Sie nie die Entspannung, die bei guter Vorbereitung möglich ist. Einen Kollegen in der Klinik, der von allen am besten Blut abnehmen konnte, fragte ich einmal nach seinem Geheimnis. Er verriet mir, dass er nie steche, ohne sich selber bequem hinzusetzen, den Arm des Patienten optimal zu positionieren, die Nadel und alle notwendigen Utensilien optimal auf einer festen Unterlage zu platzieren. Dadurch wurde er zum beliebtesten Blutabnehmer weit und breit und ersparte sich letztendlich viel Zeit und Nerven, weil er so gut wie niemals zweimal stechen musste.

Klarer Beginn und klares Ende

Rhythmen finden

Jahrtausendelang war das Leben der verschiedensten Kulturen, auch der jüdischen und christlichen, durch Rhythmen geprägt. »Am siebten Tage sollst du ruhen« war für Menschen über Generationen eine Pflicht und ein Schutz vor Überarbeitung. Warum gibt es diesen Sieben-Tages-Rhythmus in so vielen Kulturen? Warum war oder wurde der Sabbat oder Sonntag geheiligt? Jenseits von religiösen Motiven orientierten sich Menschen dabei an den Mondphasen und an ihren ureigenen Bedürfnissen nach Regelmäßigkeit. Der Mond dreht sich in vier mal sieben Tagen

Warum sind Rhythmen so wichtig?

um die Erde, der weibliche Zyklus ist etwa vier mal sieben Tage lang. Die Religionen gaben dem noch eine weitere Bedeutung: Am siebten Tage ruhte Gott, so durften und sollten auch die Menschen ruhen. Hier wird nicht nur das Bedürfnis der Menschen nach Regelmäßigkeit deutlich, sondern auch nach regelmäßigen Ruhepausen.

Wir modernen Menschen sind nicht mehr gezwungen, jeden Sonntag in die Kirche zu gehen. So kann jeder nach seiner Art glücklich werden. Wir leben viel mehr als noch vor 50 oder gar 100 Jahren individualisiert und müssen auf immer weniger Mitmenschen in unserer Lebensgestaltung Rücksicht nehmen. Durch die Lockerung von Familienbanden und sozialen Banden, unter anderem auch durch kollektivere Formen der sozialen Absicherung in Renten- oder Arbeitslosenversicherung, sind viele Menschen seltener in regelmäßiger, ritualisierter enger Beziehung zu Mitmenschen. Doch die Gefahr dabei ist, dass Ruherhythmen dem zum Opfer fallen. Und manche Menschen, Protestanten sind meist etwas häufiger betroffen, denken, sie könnten und müssten alle Zeit, oder doch die meiste Zeit ihres Lebens, tätig und produktiv sein. Sie stehen allezeit ihren Mann oder ihre Frau und fallen erst aus, wenn es fünf vor zwölf oder sogar schon fünf nach zwölf ist. Sobald ein Moment der Ruhe oder Besinnung eintritt, fühlen sich diese Menschen innerlich aufgefordert, die nächste Aktivität anzugehen.

Kein Zwang mehr zum sonntäglichen Kirchgang

So konnte Sarah, Beamtin, erst zwei Wochen nach ihrer Krankschreibung zur Ruhe kommen. Sie war es gewohnt, selbst im Urlaub stets im Kopf zu haben, was sie noch alles zu erledigen hatte; zeitweise wurde sie sofort unruhig, wenn sie sich kurz ausruhte. Oder Martin, ein ranghoher Manager in einem großen Unternehmen: Er musste erst wieder lernen, den Vögeln in seinem Garten länger als fünf Minuten zuhören zu können, ohne unruhig zu werden, aufzuspringen und das Nächste zu erledigen. Im Urlaub hatte er bisher immer Arbeitsunterlagen dabei. Sobald er sich etwas erholt hatte (also gerade *anfing*, so etwas wie Entspannung zu spüren!), begann er sofort, die Unterlagen abzuarbeiten. Erst während der Behandlung konnte er erstmals bewusst drei Tage lang »gar nichts« tun. Beide Patienten hatten seit Jahren keine festen Rhythmen mehr, was Tun und Nichtstun betraf. Lediglich die Aufgaben zählten, für Erholung war kein Platz eingeräumt, keine Zeit vorgesehen.

Nutzen Sie Ihre Chancen der modernen Lebensgestaltung! Suchen und finden Sie Ihre persönlichen Rhythmen, stimmen Sie sie ggf. mit Ihrem Partner/Ihrer Familie ab und realisieren Sie sie! Falls es Ihnen anfangs sehr schwer fällt, Ruherhythmen zu finden und einzuhalten, beginnen Sie mit dem traditionellen »Am 7. Tage sollst du ruhen«, auch deshalb, weil es vermutlich dem Ruhe- und Erholungsbedürfnis der meisten Menschen entspricht. Können Sie diesen Rhythmus aus beruflichen oder privaten Gründen nicht einplanen, so sehen Sie mindestens alle zwei Wochen ein bis zwei Ruhetage vor (zu Beginn am besten mit Kalendereintrag).

Suchen Sie Ihre persönlichen Lebensrhythmen

Beginnen Sie solche Ruhetage mit einem kleinen Ritual, besonders, wenn Sie Ruhephasen lange vernachlässigt haben. Ihr persönliches Ruheritual hilft Ihnen dabei, die freie Zeit besser als solche nutzen zu können, da Sie nun ganz bewusst, sozusagen mit einer sinnlichen »Eselsbrücke«, vom Zustand der Aktivität in eine Ruhe und Passivität wechseln. Nutzen Sie alle Ihre Sinne, um sich auf Ihre Ruhephase einzustimmen, auch und gerade die Sinne, die Sie selten bewusst wahrnehmen (siehe Aufzählung). Erwachsene sind es gewohnt, viele ihrer Sinne nicht mehr oder nicht mehr so intensiv und bewusst oder nur noch für Alltagsdinge zu nutzen. Kinder, vor allem kleine Kinder, leben dahingegen in einer umfassenderen Sinneswelt, erfassen alles um sie herum mit Augen, Ohren, Nase, Tastsinn … Sie kennen auch in der Regel noch nicht die für Erwachsene meist so selbstverständliche Trennung zwischen Anspannung und Entspannung, sondern leben viel mehr im Moment.

Das Ruhe-Ritual

Beispiele für Ruhe-Rituale (die Sie gerne ergänzen und miteinander kombinieren können):

- Geruchssinn: Kerze anzünden; Raumduft; ein spezielles, für ruhige Momente reserviertes Parfum auftragen
- Geschmackssinn: Rosinenübung (s. dort); ein Schluck kaltes Wasser; ein heißer Tee; eine andere kulinarische Kleinigkeit
- Hörsinn: Eine für Ruhephasen reservierte Lieblingsmusik; Naturgeräusche; fließendes Wasser
- Berührungssinn: Hand in fließendes Wasser halten; einen Gegenstand in die Hand nehmen, der Sie von Form und Oberflächenbeschaffenheit her anspricht;
- Bewegung: Aufstehen und das Fenster öffnen
- Sehsinn: Betrachten eines geliebten Gegenstandes oder Bildes, einer Skulptur

Übung   **Ergänzen Sie hier Ihre eigenen Ruhe-Rituale:**

_____
_____
_____
_____
_____
_____
_____

Viele meiner Patienten und Patientinnen haben kaum mehr ein Gefühl dafür, *wie viel* Erholung sie benötigen. Jahrelang haben sie das körperliche und seelische Bedürfnis nach Ruhe und Entspannung beiseite gedrängt und vernachlässigt. Es ist daher sinnvoll, sich über den persönlichen Arbeits-/Ruherhythmus Gedanken zu machen und die eigenen Bedürfnisse zu erkunden und festzuhalten.

Rhythmen **Übung**

Notieren Sie, in einem ersten Schritt, wie oft Sie Urlaub (mindestens 1–2 Wochen), ein Wochenende oder einen Tag Ruhe brauchen. Denken Sie dabei an Zeiten in Ihrem Leben zurück, in denen Sie sich ausgeglichen und kraftvoll gefühlt haben. Planen Sie diese in einem zweiten Schritt fest in Ihren Terminplaner ein, so fest wie Geschäftstermine. Denn nur so können Sie, wie Leistungssportler, die nicht nur Trainings- und Wettkampfphasen, sondern auch Ruhephasen minutiös planen müssen, auf Dauer fit und gesund bleiben und Ihre Batterien immer wieder ausreichend aufladen. Und bedenken Sie: Ihr Job ist kein Leistungssport! Oder wollen Sie mit 35 damit aufhören?

Rhythmen müssen immer wieder erinnert werden, sie stellen sich, vor allem anfangs, nicht von allein ein. Die Prioritäten müssen immer wieder überdacht und neu justiert werden. Kathrin, eine Unternehmerin, hatte sich während einer Behandlung angewöhnt, alle drei Monate zusammen mit ihrem Mann ein Wochenende in einem Wellness-Hotel zu buchen. Gegen Ende der Behandlung musste sie umziehen. Der Umzug mit all seinen zusätzlichen Belastungen ließ sie diesen Ruherhythmus so sehr vergessen, dass sie innerhalb kurzer Zeit wieder durch »ihr« Warnsignal, Rückenschmerzen, daran erinnert wurde. Aber – diesmal nahm sie den Hinweis rechtzeitig wahr: Sie buchte noch am selben Tag, an dem sie sich darüber klar wurde, ein Wellness-

Wochenende. Und stellte sich so ganz bewusst gegen die Gedanken, die in dieser Situation wie automatisch aufkamen:»Jetzt kann ich aber wirklich nicht freimachen, es steht noch so viel Arbeit an. Das müsste ich erst alles schaffen, bevor ich mir eine Pause gönnen darf!« Der zuvor festgelegte und eingeübte Rhythmus, die Absprache mit ihrem Partner und die Gewissheit »Das Wochenende in diesem Hotel gibt mir Ruhe und Entspannung« erleichterten es ihr sehr, diese störenden Gedanken beiseite zu legen.

Wer wagt, gewinnt!

Und probieren Sie es ruhig einmal mit außergewöhnlichen Ideen und Umsetzungen: Kerstin, Vertriebsmanagerin, stellte im Laufe ihrer Berufstätigkeit fest, dass sie mehr als die gesetzlichen sechs Wochen Urlaub im Jahr benötigte, um voll leistungsfähig zu sein. Sie fragte ihren Arbeitgeber, ob sie vier zusätzliche Wochen im Jahr unbezahlten Urlaub nehmen könne, wenn sie weiterhin gleiche Arbeitsleistung erbringe. Erstaunlicherweise war es kein Problem! Mehr noch: Im Nachhinein stellte sie fest, dass ihr Arbeitgeber sogar die Hälfte dieser zusätzlichen Wochen gezahlt hätte, wenn sie nur geahnt hätte, dass sie das hätte verhandeln können!

Also: Seien Sie mutig! Wenn Sie herausgefunden haben, was Sie brauchen, wie Sie am besten arbeiten und leben können, dann versuchen Sie auch, für sich Verbesserungen in Ihrem Sinne zu erreichen. Ihr Arbeitgeber will schließlich vor allem, dass Sie Ihre Arbeit machen, und noch mehr, dass Sie sie gut machen. Und Burnout-gefährdete Menschen gehören nun einmal häufig zu den Leistungsträgern der Unternehmen, auf die Chefs nur ungern verzichten wollen.

Feiern Sie Ihre Erfolge

Helga Hengge, die deutsche Erstbesteigerin des Mount Everest, berichtet: »Jeder Aufstieg zu einem großen Ziel besteht aus vielen kleinen Schritten. Viele Teilnehmer der Expedition auf den höchsten Berg der Welt sahen stets nur den Gipfel vor sich. Die kleinen Erfolge sahen sie nicht oder werteten sie gering. Dabei ist es so wichtig, sich über jeden Schritt zu freuen. Und ein Schritt auf 8000 m Höhe kann sehr anstrengend sein!«

Selbst wenn es nicht der höchste Berg der Welt ist, den Sie erklimmen wollen: Feiern Sie Ihre kleinen und großen Erfolge. Zünden Sie einmal eine Kerze an, ein andermal feiern Sie mit Freunden oder Kollegen, oder Sie erzählen einfach einer Freundin, einem Kollegen oder Ihrem Partner, was Sie gerade heute, und sei es noch so klein in Ihren Augen, geschafft haben. Sich an kleinen Erfolgen freuen, ja, sie überhaupt wahrzunehmen, ist schon ein kleines Fest für Menschen, die immer schon auf die nächste Aufgabe schauen, wenn die letzte gerade halb erledigt ist.

2. Delegieren

»Ausbrenner« sind perfekte lonely wolfs: Alles können sie selbst am besten. Und auch wenn es jemand anders machen könnte, dann wird es sicher nicht so perfekt, wie sie es sich wünschen. Außerdem können sie sich nicht die Blöße geben, jemanden um Hilfe zu bitten. Hier sind Männer absolute Meister: Hilfe anzunehmen gilt manch einem fast als Bankrotterklärung. Frauen sind da – sollte man meinen – traditionell kompetenter: Mit einem Baby an der Brust muss man sich wohl oder übel auch mal einen Handgriff abnehmen lassen.

Einsame Wölfinnen und Wölfe

In der Art zu führen (und zu delegieren) unterscheiden sich Männer und Frauen. Weibliche Führungskräfte sind laut einer Studie der Universität Leeds geduldiger und anpackender als Männer, dabei weniger konfrontativ und in ihrem Führungs- und Delegierungsverhalten vermittelnder und motivierender. Statt Akten herumzuschicken, kommandieren sie Konfliktparteien an den runden Tisch – und sind dadurch, vor allem bei Männern, beliebter als männliche Chefs.

Unterschiedliche Führungsstile bei Männern und Frauen führen zu unterschiedlichen Problemen

Aber noch haben deutlich weniger Frauen Führungserfahrung und damit Erfahrung im Delegieren – noch immer sind in Europa im Schnitt nur etwa 30 % aller Führungsstellen weiblich besetzt, und nach oben in der Hierarchie wird die Luft dabei immer dünner. Delegieren oder Hilfeannehmen sind aber auch wichtig und möglich, wenn Sie keine Führungsaufgaben innehaben.

Machen Sie eine Bestandsaufnahme Ihrer Hilfsmöglichkeiten

Um Tätigkeiten, die Sie nicht unbedingt selbst machen müssen, delegieren zu können, müssen Sie zuallererst wissen, was das denn sein könnte. Gehen Sie dafür systematisch durch, am besten mit einer Freundin oder mit Ihrem Partner, für welche Aufgaben Sie in Ihrem Leben, erst mal »rein theoretisch«, Hilfe annehmen könnten. Machen Sie sich eine (detaillierte!) Liste mit mindestens 10 Punkten, bei denen Sie eine komplette Tätigkeit oder Teile dieser Tätigkeit delegieren könnten. Je genauer Sie diese Liste verfassen, umso präziser können Sie Punkte oder Teilpunkte angeben. Teilpunkte oder Etappenziele zu nennen ist für Menschen hilfreich, die sich schwer vorstellen können, einen ganzen Arbeitsbereich komplett abzugeben. Beispiele für delegierbare Tätigkeiten sind:

- Putzen (Bad, Küche, Keller, Fenster …)
- Haushalt (Reparaturen, Aufräumen …)
- Gartenarbeiten (Unkraut jäten, Bäume schneiden, Rasen mähen …)
- Kochen (Einkauf, Vorbereitung der Lebensmittel, Zubereitung, Aufräumen danach)
- Einkaufen (Lebensmittel, Baumarkt, Kleidung für sich und Ihre Kinder, Ihren Partner)
- Behörden- und Botengänge
- Kinder (zu Veranstaltungen oder zum Kindergarten bringen und abholen, Geburtstage vorbereiten und durchführen …)
- Auto (Waschen, Reifen wechseln, zum Kundendienst fahren, Ersatzteile einkaufen …)

Machen Sie sich eine zweite Liste mit möglichen Hilfspersonen
oder nicht menschlichen Hilfen. Beispiele dafür sind:

- Nachbarn
- Jugendliche
- Putzfrau
- Babysitter
- Kollegen
- Tiefkühlkost
- Lieferservice
- Nachbarschaftshilfe
- Kirchengemeinde
- Tauschzirkel

Sie können sich zu dieser Liste auch gleich eine »Preisliste« an-
hängen, in der Sie notieren, wie viel Sie eine Stunde Hilfe oder
eine Hilfe für eine bestimmte Tätigkeit vermutlich kosten wird
(das kann ein Geldpreis sein, aber auch eine Dienstleistung, die
Sie zurückgeben können, oder auch nur »ein Anruf bei Freundin
Sabine«).

Delegiermöglichkeiten   **Übung**

Was kann ich delegieren?	Wer oder was könnte es tun?	Was kostet das?
1.		
2.		
3.		
4.		
5.		
6.		
7.		
8.		

9.		
10.		

Eine Liste zu erstellen ist vor allem deshalb sinnvoll, weil Burn-out-Betroffene meist nicht selbstverständlich auf Delegier-möglichkeiten zurückgreifen können. Auf Ihrer Liste können Sie jederzeit, wenn Ihr Stress größer wird, nachschauen, womit Sie sich das Leben erleichtern könnten.

Hilfe annehmen

Hilfe annehmen – keine leichte Aufgabe für Ausbrenner. Denn ein nicht kleiner Teil des Selbstbewusstseins von Burnout-Gefährdeten nährt sich aus dem Bewusstsein, für nichts und nie-mals Hilfe zu brauchen, alles alleine und am besten selber zu machen und zu schaffen. Bedenken Sie aber, dass andere Men-schen vielleicht (oder sehr wahrscheinlich!) das eine oder andere lieber machen, als Sie es tun, es schneller oder kompetenter erledigen können als Sie. Für Ausbrenner oft kein einfacher Gedanke. Denn das eigene Gefühl von Leistung und Selbst-wert hängt, zumindest phasenweise, ausschließlich mit (eigener) Leistung zusammen: »Meine Arbeitskraft ist das Wichtigste, manchmal das Einzige, das ich habe«, meinte eine Patientin im Erstgespräch.

Ausbrenner müssen (wieder) lernen: Hilfe annehmen ist alles andere als eine Bankrotterklärung! Die Menschheit hätte es in dieser Form nie gegeben, wenn die Jäger und Sammler sich nicht spezialisiert hätten, sich gegenseitig geholfen und Dinge ab-genommen hätten und jeder Einzelne das getan hätte, was er am besten kann und was er am schnellsten und effektivsten für die Gemeinschaft umsetzen kann.

Üben Sie Hilfe annehmen zuerst im Kleinen: Nehmen Sie sich Ihre Delegier-Liste aus der letzten Übung und beginnen Sie damit, einen Punkt ganz bewusst von einem anderen Menschen erledigen zu lassen, auch wenn das im Augenblick gar nicht »nötig wäre«. Machen Sie kleine Schritte. Für Sie ist »Hilfe annehmen« eine kleine Pflanze, die bei Ihnen noch längst nicht so stark ist wie der dicke Baum »eigene Leistung«. Sie müssen das kleine Pflänzlein schützen, sorgfältig gießen und düngen, damit es größer werden kann. Denken Sie nicht, dass Sie jetzt plötzlich Hilfe annehmen können *müssen*. Ein Patient, dem dies auch ungeheuer schwerfiel, meinte im Laufe der Behandlung, »da lerne ich jetzt erst laufen«. Seien Sie geduldig mit sich.

Fangen Sie klein an

Wenn Sie einige Male ausprobiert haben, wie es ist, Hilfe anzunehmen, selbst wenn Sie sie nicht unbedingt benötigen, versuchen Sie in einem zweiten Schritt Hilfe anzunehmen, wenn Sie unter Druck geraten, also zum Beispiel plötzlich viel Arbeit ansteht oder viele private Verpflichtungen auf Sie zukommen. In der Regel wird es Ihnen, wenn Sie vorher Hilfe annehmen »trocken« geübt haben, auch in dieser Situation leichter fallen.

Arbeitsorganisation und Zeitmanagement

Stress reduzieren im Job ist auch über Maßnahmen der Arbeitsorganisation und des Zeitmanagements möglich. Es gibt Agenturen, die Ihnen für 1500 Euro Ihren Schreibtisch aufräumen. Ganz so teuer muss es nicht sein! Überlegen Sie, wie Sie Ihren Arbeitsplatz gestalten wollen. Vor allem wenn Sie, wie viele Frauen, (auch) zu Hause arbeiten, um Beruf und Familienleben besser unter einen Hut zu bringen.

Sind Sie gefährdet, die »Büroorganisation« zu vernachlässigen? Schaffen Sie sich einen räumlich und zeitlich abgetrennten Arbeitsbereich, und sei er noch so klein. Schaffen Sie sich ein, (kleines) Arbeitsrefugium mit guter Beleuchtung und einer freundlichen Einrichtung, die Sie zum Arbeiten animiert, die aber auch beruhigend auf Sie wirkt. Wenn die Räume für ein eigenes Arbeitszimmer nicht reichen, trennen Sie Ihren Arbeitsbereich

Organisieren Sie Ihre Arbeit zu Hause

sichtbar ab, zum Beispiel durch einen Vorhang oder eine spanische Wand. Schaffen Sie sich klare zeitliche oder organisatorische Arbeitsinseln: Wenn Sie Kinder haben, entwerfen Sie beispielsweise ein Schild (mit einer bunten Zeichnung oder einem Symbol können dies auch kleinere Kinder schon verstehen), das signalisiert: »Jetzt und hier arbeite ich, bitte nicht stören.« Geben Sie sich und Ihren Angehörigen (oder auch Ihren Kollegen im Büro) Zeit, sich an diese neuen Signale zu gewöhnen.

Wenn Sie mehr für sich und Ihr Zeitmanagement tun wollen: Seminare zu diesen Themen bieten zum Beispiel Berufsgenossenschaften, Kammern, Berufsverbände oder Volkshochschulen an. Literaturempfehlungen finden Sie im Anhang dieses Buches.

3. Grenzen erkennen

Grenzen erkennen und anzuerkennen ist meist der größte und auch der individuellste Meilenstein in der Behandlung des Burnout. Da er auch oft der schwierigste ist, rate ich meist, zunächst mit dem Regenerieren und Delegieren zu beginnen. Viele Betroffene haben seit Monaten, manchmal seit Jahren, ihre Grenzen überschritten. Sie haben dadurch kaum mehr Zeiten erlebt, in denen sie sich aus einem erholten, entspannten Zustand heraus an eine Arbeit oder eine Freizeitaktivität gemacht haben. Sie haben ihren Körper kaum mehr wahrgenommen. Sandra, Steuerberaterin und Mutter von zwei Kindern, berichtete zu Beginn der Behandlung: »Ich weiß überhaupt nicht mehr, wie sich mein Körper anfühlt.« Das kannte ich in meiner Praxis als überwiegend männliches Problem, beobachte es aber immer öfter auch bei Frauen.

Die eigenen Grenzen zu kennen und zu respektieren, den eigenen Körper wieder zu spüren, wieder aus einem entspannten Zustand heraus etwas zu tun, ist nicht einfach zu erreichen. Zu erleben, wie viel Energie, Lebensmut und Kraft diese Ruhe geben kann, ist der erste Schritt, um eigene Grenzen wieder zu erkennen. Daher beginne ich bei vielen Patienten zunächst mit dem

Erlernen eines Entspannungstrainings (Regenerieren) oder, falls Patienten meinen, keine Zeit für ein Entspannungstraining zu haben, rege ich an, sich eine (Haushalts-)Hilfe zu nehmen (Delegieren), die etwas erledigt, was sie sonst machen würden, um sich so eine oder zwei Stunden freie Zeit zu verschaffen.

Erhöhen Sie Ihre Achtsamkeit

Die meisten Ausgebrannten haben verlernt, ihre persönlichen Grenzen wahrzunehmen. Viele spüren ihren Körper nur noch, wenn er streikt: Zum Arzt geht es erst kurz nach zwölf, wenn durch einen Tinnitus, nach einem Hörsturz oder Bandscheibenvorfall, nach einer langwierigen Magen-Darm-Erkrankung die Warnsignale nicht mehr zu überhören oder zu übersehen sind. Achtsamkeit, achtsam mit dem eigenen Körper, der eigenen Seele umzugehen, ist ein Thema, das über Jahre vernächlässigt wurde. Achtsamkeit ist für viele Burnout-Gefährdete und -Betroffene ein fast schon vergessener Erfahrungsbereich. Die Aufmerksamkeit ist nicht oder kaum auf das eigene Befinden gerichtet, sondern hauptsächlich auf Anforderungen von außen. In östlichen Kulturen, vor allem im Buddhismus, hat die Achtsamkeit einen hohen Stellenwert. Sie dient dazu, mit sich selbst in Kontakt kommen und den Augenblick in seiner Fülle schätzen zu lernen. Zunehmend wird sie auch in westlichen Gesellschaften als wichtiges Instrument zur Stressreduktion eingesetzt. Durch die erhöhte Selbstwahrnehmung werden zum Beispiel Stresssignale früher wahrgenommen. So kann ihnen rechtzeitig, vor der Entwicklung einer stressbedingten körperlichen oder seelischen Erkrankung, entgegengewirkt werden.

Wie können Sie Achtsamkeit (wieder) erlernen? Wie Ihr Gespür für das eigene körperliche und seelische Empfinden wieder stärken? Lernen Sie, wieder auf Ihre eigenen Bedürfnisse zu achten. Erhöhen Sie ihre Sensibilität für Wichtiges, Unwichtiges und für Überflüssiges. Beginnen Sie beispielsweise mit der »Rosinenübung«:

| **Übung** | **Die Rosinenübung:** |

Achtsamkeitsübung mit Rosinen (oder anderen Alternativen, siehe unten): Nehmen Sie sich am Anfang für diese Übung etwa 3 Minuten Zeit (später brauchen Sie diese Zeitvorgabe in der Regel nicht mehr, zunächst ist es aber besser, Sie nehmen sich einen bestimmten Zeitraum vor, um nicht zu schnell Sinneseindrücke zu übergehen).

Beginnen Sie damit, eine Rosine auf einen Teller oder mangels Teller in Ihre Hand zu legen. Betrachten Sie sie: Wie ist ihre Farbe? Sieht sie von allen Seiten gleich aus oder unterschiedlich? Riechen Sie an ihr: Riecht sie wenig, stark? Riecht sie süß, an was erinnert Sie der Geruch? Fühlen Sie mit Ihren Fingerspitzen: Wie fühlt sie sich an? Wenn Sie mögen, rollen Sie sie ein wenig in Ihrer Handfläche hin und her, spüren Sie dem nach. Können Sie sie zusammendrücken und mit welchem Kraftaufwand? Wie liegt sie in der Hand? Führen Sie sie dann zum Mund. Nehmen Sie sie mit den Lippen oder mit der Zunge auf oder mit beidem. Stellen Sie sich immer wieder Fragen wie diese. Lassen Sie sie kurz dort liegen, spüren Sie nun in Ihrem Mund die subjektiv veränderte Form und Konsistenz der Rosine, bevor Sie anfangen zu kauen. Mit welchen Zähnen und auf welcher Seite kauen Sie? Welche Bereiche auf Ihrer Zunge, in Ihrer Nase nehmen den Geschmack, die Süße, das Aroma wahr? Warten Sie auch einen kleinen Moment, bevor Sie sie hinunterschlucken. Spüren Sie dann in Ihrem Mund und Ihrer Nase nach. Wie lange schmecken und riechen Sie noch das Aroma? Wann ist es ganz verschwunden? Lassen Sie sich zu einem kleinen, wenige Minuten dauernden sinnlichen Erlebnis verführen ...

Alternativen: Anderes Obst oder Trockenobst oder etwas anderes kleines Essbares, möglichst aber keine Schokolade und ähnlich hochkalorische Süßigkeiten. Wählen Sie auf jeden Fall ein möglichst aromatisches Lebensmittel; da Sie keine größeren Mengen benötigen, ist dies selbst bei teureren Produkten eine überschaubare Investition.

Denken Sie daran, die Zunge und die Lippen sind unsere ersten sinnlichen Wahrnehmungsorgane, mit denen jeder Säugling seine Umgebung vor allem wahrnimmt und sich beruhigt (vielleicht wissen Sie, wie sehr Kinder an ihren Daumen oder Schnullern hängen). Als Erwachsene benutzen wir Zunge und Lippen im Alltag üblicherweise nur noch, um schnell Nahrung aufzunehmen. Lassen Sie durch die Rosinenübung Ihre Sinne wieder mehr Einzug in Ihren Alltag halten.

Haptische Erlebnisse, also Erlebnisse der Berührungsempfindung, sind besonders wichtig. Babys nehmen ihre Welt anfangs vor allem haptisch, also berührend, wahr. Erst später kommen die weiteren Sinne wie Hören oder Sehen mehr zum Tragen, am Anfang nimmt ein Kind alles in den Mund, später in die Hand, um es kennenzulernen. Selbst Erwachsene wollen unbekannte Dinge berühren. So konnte kaum ein Besucher widerstehen, die ersten auf die Erde gebrachten Mond-Steine mit den Händen zu berühren. Die Berührung wird im Laufe des Lebens für das Begreifen der Welt weniger wichtig. Dennoch bleiben uns haptische Erfahrungen wichtig. Junge stillende Mütter oder Verliebte kennen die Wonnen der Berührung und die davon ausgelösten Wohl- und Glücksgefühle, die Zufriedenheit, die Berührung auslöst.

Berührungsempfindung: Unsere allererste wichtige Sinnesempfindung

Finden Sie für sich Gegenstände heraus, die Ihnen bei der Berührung angenehm sind. Weich oder hart? Glatt oder rauh? Trocken oder nass? Legen Sie sich einen entsprechenden Gegenstand in Ihr Arbeitszimmer und besorgen Sie sich, wenn möglich, auch einen Mitnehm-Gegenstand, vor allem wenn Sie oft unterwegs sind. Je kleiner und besser zu handhaben, umso günstiger.

Schmeichelsteine und Ähnliches

Eine andere kleine Achtsamkeitsübung ist, ein paar Tage grundsätzlich erst nach dem 4. Klingeln ans Telefon zu gehen, um in dieser Zeit ein paar Mal ganz bewusst ein- und auszuatmen und kurz in sich hineinzuspüren. Eine solche Routine mit genau definiertem Anfang und Ende, in einer Situation, die oft auftritt und nicht viel Zeit in Anspruch nimmt, ist besonders wirkungsvoll. Kleine, überschaubare, aber häufige Einheiten führen am besten zu mehr Achtsamkeit.

Lassen Sie Ihr Telefon klingeln!

Realistische Erwartungen entwickeln

Unrealistische und daher unerfüllbare Erwartungen stellen einen wichtigen Punkt bei der Entwicklung eines Burnout dar. Realistische Erwartungen zu entwickeln gehört daher auch zu den Therapie- und Präventionsmaßnahmen für Burnout-Gefährdete. Dabei unterscheiden sich die Erwartungen beider Geschlechter an ihre Arbeit: Berufsspezifische Erwartungen von Frauen sind eher geprägt von der Erwartung, sich im Team wohl und angenommen zu fühlen, einen Beitrag zur Teamarbeit zu leisten, Menschen zu helfen. Frauen streben weniger nach Machtgewinn in ihrer Arbeit oder erwarten von sich individuelle Leistung.

Wie entwickelt man realistische Erwartungen? Dazu gehört erst einmal, sich seiner Erwartungen bewusst zu werden. In meinen Seminaren machen die Teilnehmer zu diesem Zweck eine Übung. Im ersten Teil der Übung (ca. 10 Minuten) sammelt jeder Teilnehmer zunächst für sich die Erwartungen, die er/sie in der Ausbildung oder am Anfang seiner/ihrer Berufstätigkeit an seinen Job hatte. Dann tauschen die Teilnehmer in Kleingruppen ihre Erwartungen aus, diskutieren die Punkte und sammeln Gemeinsamkeiten. Anschließend werden in der Großgruppe alle Gemeinsamkeiten zusammengetragen und schließlich nach Wichtigkeit geordnet. Im zweiten Teil der Übung (ca. 5 Minuten, also nur die Hälfte der Zeit!) sammeln die Teilnehmer im gleichen Prozedere die aktuellen Job-Stressoren und gewichten sie nach aktueller Brisanz. So stehen sich schließlich die TOP-10 der Erwartungen sowie die Top-10 der Stressoren gegenüber. Dann wird in der Großgruppe geprüft, welche aktuellen Stressoren sich besonders stark auf welche Erwartungen auswirken und ob so eher wichtige oder eher unwichtige Erwartungen enttäuscht werden. Drei wichtige Erlebnisse werden dadurch generiert:

1. Viele Teilnehmer können, zum Teil zum ersten Mal während ihrer Berufstätigkeit, mit anderen Menschen über ihre Berufs-Ideale reden. Viele machen dabei die Erfahrung, dass andere

Teilnehmer genau die gleichen enttäuschten Erwartungen erleben. Das hat einen beruhigenden Effekt und lässt die eigenen Sorgen und Probleme nicht mehr so groß erscheinen. Solch ein Erfahrungsaustausch ist im normalen Arbeitsumfeld, in dem es ja vor allem um die Bewältigung der aktuellen Arbeitsmenge geht, nur selten möglich.

2. Die Erwartungen sowie die Stressoren werden gewichtet. So erfährt eine teilnehmende Pflegedienstleiterin beispielsweise, dass ihr Ideal, Neues in ihrem Beruf zu entwickeln, trotz Geldknappheit und Zeitdruck weniger zu kurz kommt als sie dachte. Oder dass der Stressor »Konflikte mit anderen Berufsgruppen« sich am stärksten auf ihren Umgang mit Patienten auswirkt und nicht, wie sie dachte, der Mangel an Pflegekräften.

3. Durch die Zeitlimitierung (ca. 10 Minuten für die Erfassung der Erwartungen, ca. 5 Minuten für die Erfassung der Stressoren) erfahren die Teilnehmer »nebenbei«, was es bewirkt, sich bewusst mehr Zeit für die Beschäftigung mit seinen Idealen zu nehmen und sich bewusst weniger mit den aktuellen Sorgen zu beschäftigen. So kann das Glas durch einen kleinen »Trick« eher halb voll als halb leer gesehen werden.

Sie können von dieser Übung, die ursprünglich für die Gruppenarbeit entwickelt wurde, auch ohne Gruppe profitieren, indem Sie folgendermaßen vorgehen:

Tauschen Sie sich mit einem Freund, einer Kollegin, einem Kollegen, der oder die ihre Arbeit gut kennt, über die genannten Fragen aus. Gut eignen sich auch ehemalige Ausbildungs- oder Studienkollegen, mit denen Sie noch in Kontakt stehen. Eine Patientin hatte ganz explizit einen alten Studienfreund wieder aufgesucht, um mit ihm über diese Thematik zu sprechen.

Zurückschauen, das Geschaffte wahrnehmen, stolz auf sich sein

Du bist dein Aufschwung

Im Februar 2006 zog die geballte Optimismus-Offensive deutscher Medienhäuser »Du bist der Aufschwung« nach fünf Monaten Bilanz – mit Ergebnissen, die jede andere Kampagne in den Schatten stellen. Nach dem Motto: Schau auf deine Stärken, mach etwas daraus! Viele begeisterte Zuschriften wie »Sie haben mich motiviert, trotz Rückschlägen wieder mit Mut weiterzumachen« und Umfrageergebnisse zeugen von einem hohen Effekt der Werbeoffensive für positiven Selbstwert.

Burnout-Betroffene dagegen sehen meist ein halb leeres statt ein halb volles Glas vor sich stehen. So ging es auch Susanne, die noch nach einem halben Jahr Behandlung Schwierigkeiten hatte, Positives in ihrem Leben zu sehen. Sie kam eines Tages in die Therapiestunde und meinte »Es kam auf dem Weg hierher ›gar nichts aus mir herausgesprudelt‹ wie sonst immer«. Sie berichtete dann jedoch über lauter kleine private und berufliche Erfolge. »Gar nichts« war nur ein Nichts an Negativem, das Positive hatte sie zunächst gar nicht wahrgenommen! Zuvor hatte sie meist nur über das berichten können, was sie nicht schaffte oder konnte und was »schlecht lief«.

Für viele Patienten ist es sehr schwer, sich über Erfolge zu freuen. Sobald etwas erreicht ist, sehen sie schon wieder den nächsten Berg, das nächste Challenge. Viele haben seit Jahren nicht mehr gerastet (mit oder ohne »Erschöpfungs«-Grund), haben sich seit Jahren auf ihrem Weg zum persönlichen »Gipfel« nicht mehr umgedreht. Aber: Wenn man nur bergauf schaut, wie soll man da den Überblick bewahren? Wie soll man wissen, wo man steht? Wie soll man sich über das Geleistete freuen können? Der Vergleich scheint etwas weit hergeholt. Aber viele Burnout-Betroffene empfinden ihr Berufsleben oder ihre aktuelle Situation als Aufstieg auf den höchsten Gipfel weit und breit, viele haben schon damit zu kämpfen, statt (gedanklich) den Mount Everest erklimmen zu wollen den Mont Blanc zählen zu lassen, schon das ist für viele ein auf den ersten Blick großer Rückschritt:

»Ich hatte immer Größeres mit mir vor«, meinte ein Patient nicht nur ironisch.

In Seminaren zur Burnout-Prävention empfehle ich Teilnehmern: Wuchern Sie mit Ihren Pfunden und heischen Sie nicht um Mitleid! Seien Sie stolz auf das, was Sie haben. Überlegen Sie sich öfter einmal, welche positiven Aspekte Ihr Job hat, statt sich zu viel mit dessen Nachteilen zu beschäftigen. Lenken Sie Ihre Gedanken bewusst auf Positives, das Negative verliert alleine durch die geringere Zeitvorgabe an Gewicht.

Wuchern Sie mit Ihren Pfunden!

Ein Beispiel dazu aus meiner Praxis. Eine Patientin erlitt einen Hörsturz mit anschließend bleibendem Ohrgeräusch (Tinnitus). Nach einer schwierigen Phase, in der sie mit aller Macht und mit Engagement erfolglos »gegen« den Tinnitus angekämpft hatte, sagte sie sich schließlich anlässlich einer neuen beruflichen Herausforderung: »Der Tinnitus soll nicht mein Leben bestimmen, ich möchte trotz dieser Einschränkung ein normales Leben führen und das Positive darin sehen und erleben.« Der Blick auf das Gute, was sie noch hatte, lenkte ihre Gedanken und Beschäftigungen (zumindest zum Teil) weg von ihrem Schmerz und machte ihr Leben wieder attraktiver. Schon nach wenigen Wochen war ihr Tinnitus, der monatelang unsere Gespräche bestimmt hatte, kein Thema mehr.

Scheuen Sie sich nicht, Ihre guten Leistungen zu benennen und schriftlich festzuhalten. Blicken Sie nun einmal zurück auf Ihre ganz persönliche Erfolgsgeschichte:

Meine persönliche Erfolgsgeschichte: | Übung

Notieren Sie zehn Dinge in Ihrem Leben, die Sie richtig und gut gemacht haben. Schreiben Sie sie auf, scheuen Sie sich nicht, Ihre Leistungen auch zu benennen und schriftlich festzuhalten. Sowohl private als auch berufliche Ereignisse sollen in dieser Liste vorkommen. Geben Sie dieser Liste einen Namen, der Sie anspornt und mit Freude und Stolz erfüllt, wie z.B. »Meine persönliche Erfolgsgeschichte«, »10 Dinge, die ich richtig und gut gemacht habe«.

	10 Dinge, die ich richtig und gut gemacht habe
1	
2	
3	
4	
5	
6	
7	
8	
9	
10	

Helga Hengge, die erste Deutsche auf dem Mount Everest, über die ich schon an anderer Stelle berichtet habe, beschreibt ihr Erfolgsrezept so: »Erst durch das Rasten kommt man auf den Gipfel. Und Rasten am Berg heißt immer, sich mit dem Rücken zum Berg zu setzen (mit einem schweren Rucksack geht das gar nicht anders!). Und so siehst du am besten, was du schon geschafft hast! Welche 7000er schon unter dir liegen! Wenn das Ziel nur der Gipfel ist, wenn der Blick nur nach oben und nie zurück geht, dann wird es unwahrscheinlich gefährlich.«

Jeder Aufstieg zu einem großen Ziel besteht aus vielen kleinen Schritten. Um durchzuhalten, müssen wir auf der Strecke Zwischencamps einrichten und ein Basislager haben, wohin wir uns zurückziehen und Kraft tanken können. Es ist nicht so wichtig, ob man den Gipfel auch erreicht. Entscheidend ist, dass man sich auf den Weg macht.

Schauen Sie bewusst, immer wieder und lange genug auf das, was Sie schon erreicht haben. Der Blick zurück schafft Frieden und erst die Voraussetzung, um wieder aufzustehen und weiter zugehen. Den *eigenen* Rhythmus von Weiterstreben, Rasten und Zurückblicken zu finden, ist enorm wichtig, um gut und heil anzukommen. Gerade das Zurückblicken, oder wie es eine Patientin formulierte, »der Blick auf meine Ländereien« (die Patientin hatte gar keine Ländereien, sondern war Inhaberin eines Restaurants!) befähigt uns, uns selbst zu schätzen und frei zu werden für die Dinge, die noch kommen.

Trauer über Vergangenes, über nicht Erreichbares

Vielen meiner Patientinnen und Patienten fällt es sehr schwer, in Bereichen ihres Lebens zu akzeptieren, dass nicht alles erreichbar ist. Das Gefühl geht in Richtung: Nichts ist genug, nichts reicht mir und anderen, nicht einmal das Beste und Schönste ist gut genug. Vielen Burnout-Betroffenen fällt es sehr schwer zu akzeptieren, dass etwas *nicht* geht. Viele habe schon in ihren Familien erlebt, dass es das Thema »Etwas geht nicht« nicht geben durfte. Nur die Schokoladenseiten des Lebens wurden gelebt, nur das Gute und Schöne wurde gewürdigt, alles Dunkle und Hässliche hat keinen Platz, ein Problem »darf nicht sein«. Vera, eine 55-jährige Chefsekretärin in einem großen Verlag, gut 10 Jahre jünger aussehend, hatte zeit ihres Lebens von ihren Eltern vermittelt bekommen, dass »nur wer jung, rein und schön ist, wert ist, zu leben«. »Wenn man alt ist, gehört man weg«, habe ihr Vater immer gesagt. Die anstehende Berentung ihres Ehemanns und erste Anzeichen dafür, dass er nicht mehr so fit ist sowie die Vorstellung, dass er weiter abbauen könnte, hatten zusammen mit Wechseljahresbeschwerden dazu geführt, dass Vera sich immer trauriger, antriebsloser, hilfloser und ausgebrannter fühlte. Den Verlust ihrer Attraktivität werde sie »nicht verkraften können«, meinte sie zu Beginn der Therapie; auch den Verlust der Jugendlichkeit und Attraktivität ihres Mannes konnte die Patientin nicht hinnehmen. Obwohl es durch nichts zu verhindern war! Das Diktat ihres Vaters führte dazu, dass sie sich immer mehr in aussichtslose Aktivitäten stürzte. Alle Hebel wurden in Bewegung gesetzt, um die Jugend zu erhalten: Sie intensivierte ihre beruflichen Anstrengungen, spornte ihren Mann zu mehr Sport und Training an, erwog die Trennung von ihrem Mann und überlegte schließlich, eine optisch verjüngende Schönheitsoperation durchführen zu lassen. Ein Akzeptieren und Annehmen des Verlustes war ihr nicht möglich, da sie solch ein Verhaltensmuster bei ihren nächsten Angehörigen nie hatte beobachten oder erlernen können. Erst durch eine intensive Auseinandersetzung mit diesen harten, fast unmenschlichen, familiären »Vorgaben« konnte die Patientin die Krise überwinden.

Ähnlich schwer tun sich Burnout-gefährdete Menschen, wenn sie ein selbst gestecktes Karriereziel nicht erreichen können. Nichts lassen sie unversucht, opfern häufig Familie und Freizeit, um ihren eigenen Anforderungen oder vermeintlichen Anforderungen von anderen zu genügen. Statt sich gelegentlich niedrigere Ziele zu setzen, Teilerfolge gelten zu lassen oder einen Misserfolg gelassen hinzunehmen, muten sie sich immer mehr zu, können nie oder nur sehr selten zufrieden sein. Diese Menschen haben häufig keine oder wenig Erfahrung darin, etwas abzutrauern. Trauer zu empfinden, ohne sich selbst mit Vorwürfen zu überschütten, ist meist nicht möglich. Misserfolge zu betrauern, also auch einmal enttäuscht über sich zu sein, ohne sich zu verurteilen, können sie in der Behandlung lernen.

Ohne die Möglichkeit zu trauern ist das Leben schwer

Genauso schwer, wie zu akzeptieren, dass nicht alles erreichbar ist, fällt es vielen Burnout-Gefährdeten, loszulassen. In der Familie von Anja, einer selbstständigen Grafik-Designerin, konnte keiner der Angehörigen den Tod des Vaters verkraften. Er war nach einem Schlaganfall ins Koma gefallen und nach zwei Wochen verstorben. Kein Angehöriger, auch Anja nicht, hatte sich an sein Sterbebett begeben: »Ich wollte Papa so in Erinnerung behalten, wie ich ihn kannte, gut aussehend und vital.« Dabei ist es gerade zur Bewältigung eines solchen Abschieds so wichtig, sich dem Tod und dem Toten zu stellen, an der Trauerfeier teilzunehmen, dem Tod im wahrsten Sinne des Wortes »ins Auge zu blicken«. Dies konnte Anja nicht, stattdessen begann sie, sich mehr und mehr zu beschäftigen, um die schrecklichen Erinnerungen an diese Zeit zu verdrängen. Sie nahm immer mehr Arbeit an, arbeitete sich zur unverzichtbaren Mitarbeiterin hoch, vernachlässigte alles, was Ruhe gebracht hätte. Denn Ruhe hätte auch wieder die Gedanken an ihren Vater mit sich gebracht und damit die Leere und unüberwindbare Traurigkeit.

Trauerrituale bilden einen großen und entscheidenden Bestandteil der menschlichen Kulturen und Religionen. Ja, ohne Trauer(-fähigkeit) ist ein Weiterleben für die Hinterbliebenen sehr erschwert oder geradezu unmöglich.

Trauerarbeit ist bei vielen Patienten ein wesentlicher Bestandteil der Behandlung. Betrauern, dass man nicht die richtigen Eltern hatte, dass sie einem nicht alles geben konnten, was man gebraucht hätte, dass sie einen nicht optimal gefördert haben. Dass sie oder andere Angehörige oder wichtige Bezugspersonen gegangen sind, gestorben sind. Betrauern, dass man nicht alles können kann (wovon viele Burnout-Gefährdete, vor allem im beruflichen Bereich, oft zu lang ausgehen). Den Schmerz zu spüren und zuzulassen, fehlbar zu sein und Fehler zu machen. Viele ausgebrannte Menschen müssen erst mühsam lernen, ihre Schwächen, ihre Verwundbarkeiten, ihre Fehlbarkeit zu sehen und nicht mehr darüber hinwegzugehen. Trauern kann ein guter Weg sein, die eigenen Wunden und Verwundbarkeiten schließlich zu akzeptieren, sie zu pflegen und immer wieder die Wunden einzubalsamieren, statt nur schnell ein Pflaster daraufzukleben und dann den Pullover darüberzustreifen, damit auch ja keiner die Verwundbarkeit bemerke.

Trauer ist auch Arbeit

Trauerarbeit ist ein vielschichtiges Thema, das hier nicht umfassend gewürdigt werden kann. Empfehlen kann ich die Bücher von Lis Bickel und Daniela Tausch-Flammer. In »In meinem Herzen die Trauer« zeigen die Autorinnen an vielen praktischen Beispielen, mit historischen Geschichten und Gedichten untermalt, anhand von unbekannten und bekannten Persönlichkeiten die Phasen und Themen des Trauernden. Ein wunderbares Buch, das vielen Patientinnen und Patienten geholfen hat, die Trauer über Verlorenes, auch wenn es schon lange her war, besser zu bewältigen.

Trauerarbeit kann zu einer Versöhnung mit sich selbst führen. So bei einem Patienten, der dem Beispiel seines Großvaters nacheiferte (ein sehr erfolgreicher mittelständischer Unternehmer), um nicht »nur« das Mittelmaß seines Vaters zu erreichen, der ein »ganz normaler« Ingenieur gewesen war. Beruflich wie privat, alles hatte hohen Zielen zu genügen: die erfolgreiche Karriere, sportliche Höchstleistungen sowie Eigenheim, Frau und Kind. Aber alles war nicht mit der Brechstange zu erreichen. Die Karriere »scheiterte« zunächst augenscheinlich an dem Burnout-Syndrom, das der Patient mit Anfang vierzig erlitt. In der Therapie setzte er sich mit den stets überhöhten Leistungsidealen auseinander und betrauerte, dass er es nicht so weit bringen würde wie sein Großvater. Erstmals konnte er auch Seiten seines Großvaters sehen, die ihm vorher nicht bewusst gewesen waren: dass man mit ihm nie habe in Ruhe reden können, dass er nie wirklich erreichbar gewesen war für seine Angehörigen. Anders die Großmutter, die eine ausgeglichene Frau gewesen war und mit der er manch träumerische Stunde genossen hatte. Er legte sein Augenmerk nun auf andere Dinge im Leben, die nicht »messbar« und mit Leistung verbunden waren. Schließlich konnte der Patient für sich resümieren, dass die Symptome des Burnout für ihn – endlich – den Weg in ein Leben mit passenderen eigenen Zielen und Anforderungen geführt hatte, in dem er sich nicht ständig überforderte.

Person-Environment-Fit

Beim letzten Thema in diesem Abschnitt nähern wir uns wieder den institutionellen Ursachen für Burnout, genauer gesagt geht es um die Schnittstelle zwischen den persönlichen und den unternehmensbedingten Burnout-Ursachen. Es geht darum, wie gut Sie, wenn Sie schon ein bisschen spüren können, wo Ihre Grenzen liegen, mit Ihrem jetzigen Job harmonieren. Wie gut passt Ihre Arbeit zu Ihnen? Wie gut passen Sie in Ihren Job? Müssen Sie sich für Ihren Job verbiegen und über Grenzen gehen? Probieren Sie dazu folgende Übung (bitte diese Übung, falls Sie dieses Buch »quer lesen«, nicht zu Beginn machen, sondern erst, wenn Sie ein bisschen mehr über Grenzen gelesen haben):

Unternehmen als Person:　Übung

Stellen Sie sich das Unternehmen, in dem Sie arbeiten, als Person vor. Ja, Sie haben richtig gelesen! Wenn Ihre Firma sehr groß ist, wählen Sie bitte die Abteilung, in der Sie im Augenblick tätig sind. Sollten Sie zur Zeit nicht berufstätig sein, so denken Sie an Ihre letzte Arbeitsstelle oder an eine Arbeitsstelle, an der Sie größeren Stress empfunden haben.

1. Schritt: Stellen Sie sich diese Person nun vor, mit all ihren Eigenschaften: Ist es ein Mann, eine Frau? Ist er/sie verheiratet, geschieden, ledig, hat er/sie Kinder oder andere Verwandte? Wie alt ist diese Person? Wo wohnt sie: in der Stadt (Großstadt oder Kleinstadt, mittendrin oder am Stadtrand) oder auf dem Lande? Gibt es Freunde, Feinde, Nachbarn und wie ist das Verhältnis zu diesen? Welche Charaktereigenschaften zeichnen diese Person aus: eher cholerisch-aufbrausend oder rücksichtsvoll, träge oder agil, langweilig oder spannend, gesellig oder ein Einzelgänger? Was fällt Ihnen noch zu diesem »Menschen« ein? Lassen Sie sich für diese Übung etwa 10 Minuten Zeit, lassen Sie ein Bild in Ihrem Kopf entstehen, machen Sie sich hier ein paar Notizen, gerne auch eine kleine Zeichnung.

2. Schritt: Stellen Sie sich nun vor, Sie würden diese imaginierte Person jeden Tag treffen. Wie geht es Ihnen dabei? Wie fühlt sich das an? Sind sie dabei entspannt oder merken Sie einen Druck, Ziehen, Stechen, Schmerzen oder sonstige unangenehme (oder auch angenehme) Empfindungen in Ihrem Körper und wenn, dann wo? Notieren Sie auch hier Ihre Empfindungen mit Worten oder einer kleinen Zeichnung.

3. Schritt: Welche Ihrer Eigenschaften müssten Sie, wenn Sie diese Person tagtäglich treffen, »zu Hause« lassen? Welche würden Sie gegenüber dieser Person besonders betonen? Notieren Sie diese. Nehmen Sie Beschränkungen wahr? Fühlen Sie sich nicht wahrgenommen, ernst genommen etc.?

_____

_____

_____

_____

_____

_____

4. Schritt: Stellen Sie sich die imaginierte Person in 5 Jahren vor. Hat sie sich und wie hat sie sich verändert? Haben Sie sich verändert? Stehen Sie noch miteinander in Kontakt? Sehen Sie diese Person noch oder hören Sie nur von ihr, wie oft sehen Sie sich und was hat sich an Ihrem Körpergefühl verändert, wenn Sie an diese Person denken? Notieren Sie auch diese Gedanken und verstehen Sie sie als einen kleinen Einblick in Ihren augenblicklichen Wunsch nach Veränderung (oder auch Nicht-Veränderung) im Bezug auf Ihren Arbeitsplatz.

_____

_____

_____

_____

_____

_____

Sie können diese Übung bzw. das Bild von der Person »Arbeitsplatz« von Zeit zu Zeit wiederholen. Mit vielen meiner Patienten
mache ich diese Übung einmal am Anfang der Behandlung und
im Verlauf oder gegen Ende noch einmal. Oft zeigt sich dann
schon ein ganz anderes Bild. Seminarteilnehmer und Patienten berichten, dass sie die Vorstellung von dieser Person immer
wieder hervorholen. Beispielsweise stellte sich ein Teilnehmer
seinen Betrieb, einen größeren Konzern mit langer Tradition,
stets als alte, taube Tante mit Hörrohr vor, die nicht mehr mit-
bekommt, wie sich der Putz in ihrem Haus von den Wänden löst
und nur noch hört, was ihr die, auch schon sehr alten, Neffen
ins Hörrohr brüllen – und nicht das, was die Großneffen und
Urgroßnichten Wichtiges mit ihr zu besprechen hätten. Der Teilnehmer berichtete später, dass er, gerade in Situationen im Job,
in denen er immer wieder an unsichtbare Mauern stieß, sehr gut
mit dieser Vorstellung einen inneren Abstand gewinnen konnte
und sie ihn meist zum Schmunzeln brachte.

4. Visionen und Optionen

Viele Patienten haben große Mühe, ohne Last in die Zukunft zu
schauen. Sie sehen meist nur einen Berg vor sich, der geschafft
werden muss, den es zu erklimmen gilt. Sie können nur selten
sehen, was sie schon geschafft haben. Wie schon weiter oben
beschrieben, wird das Glas meist halb leer statt halb voll gesehen
(es sei denn, es handelt sich um eine bittere Medizin). Die eigenen Fehler oder Schwächen überwiegen stark in der Betrach-
tung. Um ein bisschen davon loszulassen, Abstand gewinnen zu
können, eignet sich die Vorstellung eines Wunder-Tages, an dem
die Wunschfee Ihnen eine große Last von der Seele gezaubert
hat.

| **Übung** | **Der Wunder-Tag:** |

Überlegen Sie sich und notieren Sie, was Sie am meisten daran hindert, Ihre aktuellen Probleme in den Griff zu bekommen. Welches ist Ihr Haupt-Hinderungsgrund? Wie würde ein Tag ablaufen, wenn über Nacht ein Wunder passiert und dieses Hindernis verschwunden wäre? Beschreiben Sie Ihren Tagesablauf: Wann und wo wachen Sie auf? Wer ist bei Ihnen? Was tun Sie als Erstes? Wann stehen Sie auf? Wie und mit wem frühstücken Sie? Was unternehmen Sie an diesem Tag? Wie verläuft er, wen treffen Sie? Wie klingt Ihr Wundertag aus?

_____

_____

_____

_____

_____

_____

_____

Schon allein die Vorstellung, sich in Gedanken von seiner größten Last befreit zu haben, kann enorme Kräfte freisetzen. Oft erlauben sich Ausgebrannte noch nicht einmal den Gedanken daran, ohne Sorgen zu sein. Mit dieser Übung schärfen Sie Ihren Blick wieder für die positiven Dinge, die übrigbleiben, wenn Sie Ihre negativen Gedanken einfach einmal weg»zaubern«.

Nehmen Sie sich etwas vor!

Menschen richten ihr Verhalten oft nach einem »inneren Skript« aus. Angestrebte Verhaltensänderungen gehen Zug um Zug damit einher, dieses innere Skript »umzuschreiben«. Eine (berufliche und private) Vision ist geeignet, diesem Skript ein neues Lebensthema zu geben, auf das hin schließlich konkrete Ziele formuliert und entwickelt werden können. Bei Unternehmensgründungen fordern die Geldgeber die Existenzgründer immer auf, eine Vision für ihr Unternehmen für die nächsten Jahre zu entwickeln und vorzulegen. Nicht zu Unrecht. Denn man weiß: je klarer solch eine Planung beschrieben werden kann, umso größer ist die Chance, dass die genannten Ziele realisiert werden können. Mit meinen Patienten mache ich im Laufe der Behandlung meist eine Übung, in der sie ihre berufliche und private Vision für die kommenden fünf Jahre entwickeln.

»Ich schreibe meine persönliche (Erfolgs-)Story« **Übung**

1. Lassen Sie die Jahreszahl vor Ihrem inneren Auge erscheinen: Wie alt werden Sie in fünf Jahren sein, wie alt Ihr Partner, Ihre Kinder, Eltern?
2. Wie werden Sie aussehen? Haben Sie sich verändert? Werden Sie sich viel oder wenig verändert haben?
3. Stellen Sie sich Ihren Arbeitsalltag vor. Wo und in welcher Umgebung werden Sie arbeiten? Zu Hause oder im Büro oder beides? In welcher Stadt, welchem Land? Hat sich etwas gegenüber dem jetzigen Zustand verändert? Was? Malen Sie sich den Ort Ihres Wirkens in allen Einzelheiten aus.
4. Mit welchen Kollegen werden Sie (noch) zusammen arbeiten? Wie sehen künftige, noch unbekannte Kollegen aus? Warum haben Sie diese und nicht andere gewählt?
5. Stellen Sie sich einen gewöhnlichen Arbeitstag in dieser Umgebung und Zukunft vor. Wann und wie oft werden Sie Pausen haben, wo und wie werden Sie sie verbringen?
6. Wie wird Ihr Arbeitsumfang (Ihre wöchentliche Arbeitszeit) sein?
7. In welcher Umgebung leben Sie? Wie sieht das Haus aus, in dem Sie wohnen? Wer lebt mit Ihnen zusammen? Wie sieht der Weg aus, den Sie jeden Morgen zu Ihrem Arbeitsplatz zurücklegen?
8. Wie verbringen Sie Ihre Freizeit? Wie oft machen Sie wie lange Urlaub? Wie und wie oft gestalten Sie Ruhewochenenden? Wie sind Ihre Ruherhythmen (Urlaub, Wochenende, Short-Breaks [Kurzpausen], Entspannungstechniken)?

Notieren Sie Ihre Visionen in Stichworten, denn das Benennen wird die Wirkung noch verstärken. Halten Sie den wichtigsten Punkt fest, auch wenn er Ihnen völlig utopisch und unrealistisch erscheint. Verwenden Sie bitte keine Konjunktive wie »hätte«, »würde«, »könnte« oder »vielleicht«. Beschreiben Sie die Situation gedanklich und auf Papier so, als würden Sie sie vor sich sehen und beschreiben: »Im Jahr 20.. wohne ich…, arbeite ich…, lebe ich…«

Nach Silke Strauß

VII. Weibliche Wege aus dem Burnout: Kinder, Küche und Karriere!

Noch ist vieles anders, wenn Frauen – wie selbstverständlich die meisten Männer – beides haben wollen: Karriere und Familie. Sofern ihre Lebensumstände gleich sind, ist Burnout bei beiden Geschlechtern gleich häufig. Aber die Lebensumstände sind nicht gleich, werden es auch nie ganz sein. Erwartungen an Frauen, das Verhältinis von Müttern zu ihren Kindern, Rollenvorbilder, soziale Unterstützung für berufstätige Frauen im Vergleich zu ihren männlichen Kollegen sind immer noch sehr unterschiedlich. Aus diesen Gründen sind auch einige Dinge in der Behandlung und der Prävention von Burnout bei den Geschlechtern unterschiedlich oder zumindest unterschiedlich stark ausgeprägt. Außerdem haben Frauen andere Bewältigungskompetenzen. In diesem Kapitel finden Sie also ein paar typisch weibliche Wege aus dem Burnout.

Frauen sind, selbst in den reichen Ländern dieser Erde, in denen die Gleichberechtigung der Geschlechter schon weit vorangeschritten ist, immer noch diejenigen, die häufiger von Doppelbelastung, also Familie und Beruf, beziehungsweise Dreifachbelastung, sprich Familie, Beruf und Haushalt, betroffen sind. Ich möchte Ihnen Hinweise geben, wie Sie trotz Mehrfachbelastung nicht ausbrennen. Ich möchte auch zeigen, dass eine Vielfalt von Lebensthemen sogar vor Burnout schützen kann, wenn man gut damit und mit sich umgeht. Hierzu finden Sie Informationen vor allem in dem Unterpunkt Familie und Kinder, Kinder: Last und Lust, dieses Kapitels.

»Niemandem würde einfallen, einen Mann zu fragen, wie es ist, als Mann Karriere zu machen. Solange für andere die Tatsache, dass ich als Frau Karriere gemacht habe, ein wichtiges Thema ist, sieht man, dass etwas nicht stimmt in unserer Gesellschaft.«

Anke Schäferkodt, RTL-Chefin

99

1. Von Vorbildern und Müttern

Wie war die Karriere Ihrer Großmutter?

Jahrhundertelang war das Leben der meisten Frauen in engen Grenzen vorgeschrieben. Wer von Ihnen, liebe Leserinnen und Leser, hat eine Großmutter, die Karriere gemacht, die studiert oder zumindest einen Beruf erlernt hat? Studierte Großmütter

Unsere Mütter: Karriere als Hausfrau

sind schon deshalb rar, weil Frauen in Deutschland erst seit 1900 (in Österreich seit 1897, in der Schweiz seit 1867) zum Studium zugelassen sind (was noch nicht bedeutete, dass sie den studierten Beruf anschließend ausüben durften!). In den USA war dies schon zwei Generationen zuvor möglich, ab 1833 konnten Frauen dort studieren. Aber auch die Generation unserer Mütter hat den erlernten Beruf selten so ausgeübt, dass an Karriere auch nur zu denken war. In den 50er- bis 70er-Jahren war die angeblich ›klassische‹ Frauenrolle die der Hausfrau und Mutter, eventuell nebenerwerbstätig, wenn »die Kinder aus dem Haus« waren.

Vorbilder gesucht!

Da die meisten Verhaltensweisen durch Beobachtung von Modellen erworben werden, brauchen Frauen positive, möglichst nahe, Vorbilder. Vorbilder, mit denen wir uns identifizieren können. Die etwas vorleben, das wir aufgreifen und weiterentwickeln können. Beruflich und privat. Männer haben, zumindest beruflich, seit Generationen männliche, berufstätige Vorbilder. Dagegen gibt es noch wenig erfolgreiche Businessfrauen, von denen wir sagen könnten: So lohnt es sich zu leben. Schon gar nicht in unserem persönlichen Umfeld – und Frauen brauchen, noch mehr als Männer, nahe Vorbilder. Nicht nur die »unerreichbare« siebenfache Mutter und Familienministerin Ursula von der Leyen, der nachzueifern unmöglich erscheint.

Domino-Effekt

In Zukunft gehe ich, was weibliche Vorbilder betrifft, von einem Domino-Effekt aus: Die nächsten Frauen-Generationen werden nach und nach immer mehr weibliche Vorbilder bekommen. Das zeichnet sich, auch in einfachen Dingen, jetzt schon ab: In Krabbelgruppen kommen, anders als noch vor wenigen Jahren, auch Väter oder Kindermädchen mit den Kleinen. Mütter sind selbstverständlicher schon im ersten Lebensjahr der Kinder berufstätig. Für deren Kinder bedeutet dies, dass sie solche

Vorbilder (berufstätige Mütter) immer häufiger auch im Bekanntenkreis der Eltern, in Schule und Verwandtschaft erleben werden und sich schon früher mit dieser Normalität auseinandersetzen können. Und je mehr Vorbilder sie haben, umso mehr können sie wählen und müssen nicht dem starren Bild der »quasimännlichen« Karrierefrau folgen.

Die nächsten Frauen-Generationen werden auch andere Voraussetzungen haben, auch weil der Fachkräftebedarf durch die demografische Umstellung größer werden wird und sich Arbeitgeber immer mehr auch um weibliche Arbeitskräfte bemühen müssen. Noch werden in den Vorstandsetagen mancher großer Konzerne Witze gerissen, wenn eine Frau anregt, doch in der Firmenzentrale über die Einrichtung eines Betriebskindergartens nachzudenken. In wenigen Jahren, wenn mehr und mehr junge Männer und Frauen in die Workforce eintreten, die schon als 12-Jährige am Computer in die Rolle des anderen Geschlechts geschlüpft sind, wird sich kein Personalchef mehr leisten können, über dieses Thema nur Späße zu machen. Väter wie Mütter werden dann, als gefragte Fachkräfte, statt nach anderen Incentives auch nach Kinderbetreuungsmöglichkeiten fragen, wenn sie sich ihren Arbeitgeber aussuchen. Schon jetzt erlebe ich bei meinen jüngeren Patienten, dass sie ihre Rolle als Eltern viel individueller gestalten, dass beide Elternzeit beanspruchen, über Job-Sharing oder andere Lösungen viel offener nachdenken als nur um 10 Jahre Ältere.

Machen Sie sich aktiv auf die Suche nach Ihren persönlichen Vorbildern. Lesen Sie Biografien von erfolgreichen, zufriedenen *Suchen* Sie sich *Vorbilder!* Frauen, halten Sie Kontakt mit Ihren Schulfreundinnen und Berufskolleginnen, schließen Sie sich Frauen-Netzwerken und Business-Clubs an, sprechen Sie dort mit interessanten Frauen, suchen Sie sich ältere Vorbilder und jüngere Mitstreiterinnen. Bleiben Sie im Gespräch, erzählen Sie sich von Ihren Erwartungen und Enttäuschungen.

Martina konnte auf diese Weise viel gegen ihr Burnout tun. Als Mutter von zwei Kindern im Kindergartenalter, Ehefrau, »Haushaltsmanagerin« und Filialleiterin eines Lebensmitteldiscounters hatte sie jahrelang nur gearbeitet, organisiert, Lücken gestopft, wenn die Kinder krank wurden, und nebenbei noch die Karriere ihres Mannes als Vertriebsleiter eines Elektronikkonzerns unterstützt. Bis sie nicht mehr konnte und mit Schlafstörungen, Konzentrationsstörungen und zunehmenden Selbstzweifeln ein Burnout erlitt. Ihre Mutter war in den 60er-Jahren nur Hausfrau und Mutter gewesen. Obwohl auch sie schon einen Beruf gelernt hatte, den sie auch sehr gerne ausgeübt hatte, war sie nach der Geburt der Kinder zu Hause geblieben. Martina hatte also aus ihrer eigenen Familie kein Vorbild, wie man als Frau Familie, Haushalt und Beruf unter einen Hut bringen könne. Im Laufe der Behandlung, in der sie Regenerationszeiten für sich festlegte und mehr Aufgaben im Haushalt zu delegieren lernte, schloss sie sich auch einem lokalen Frauennetzwerk an. Dort lernte sie zum ersten Mal seit Jahren Frauen kennen, die in der gleichen Situation waren wie sie, also auch ehrgeizig berufstätige Mütter. Dort bekam sie plötzlich, anders als bei ihrer Mutter und ihrem Mann, die ihr immer gesagt hatten, sie solle doch einfach weniger oder gar nicht mehr arbeiten, anders als bei Nachbarinnen und Freundinnen, Verständnis für ihre Situation. Auch Verständnis dafür, dass sie ihren Beruf gerne machte und etwas erreichen wollte. Sie konnte sich anschauen, wie andere Selbstständige, zum Teil auch Mütter wie sie, es schafften. Konnte auch sehen, wie manche Frau, die älter war als sie, diese Lebensphase gemeistert hatte. Sie hatte plötzlich wieder positive Vorbilder, die ein ähnliches Lebenskonzept verfolgten. Sie fühlte sich nicht mehr allein und war ermutigt, ihre Ziele weiter zu verfolgen.

2. Von unterstützenden Vätern

Als einer der wichtigsten Gründe, warum Frauen im Vergleich zu Männern unter bestimmten Umständen ein erhöhtes Risiko haben auszubrennen, gilt die geringere soziale Unterstützung, die berufstätige Frauen in der Regel in ihrem Job und um ihren Job herum erfahren.

»Hinter jeder erfolgreichen Frau, steckt ein engagierter Mann.«
Parallelen zu »hinter jedem erfolgreichen Mann steckt eine starke
Frau« sind nicht rein zufällig und durchaus beabsichtigt. Häufig
ist dies bei Frauen aber nicht wie bei Männern der (Ehe-)Partner,
sondern in erster Linie der eigene Vater.

Ehemänner und Lebenspartner, die die Berufstätigkeit ihrer
Frauen voll unterstützen, sind immer noch rar. Der Prozentsatz
der Väter, die Elternzeit nehmen, lag in Deutschland 2006 bei
mageren 5 % (vor Einführung der novellierten Regelung zur Elternzeit mit vermehrten Möglichkeiten für Teilzeittätigkeit zum
1.1.2001 waren es nur 1,5 %!), in Österreich gilt eine Karenz-
zeit von 2 Jahren, nur 3,3 % aller Väter nahmen diese in Anspruch (2001 nur 2,1 %). In der Schweiz werden erst jetzt erste
Modelle für Mütter ausprobiert. Bis vor Kurzem gab es dort
für Frauen nicht einmal den Mutterschutz mit Weiterbeschäf-
tigungsgarantie und Lohnfortzahlung direkt nach der Geburt.
Ein Vergleich zu dem europäischen Land mit der höchsten Geburtenrate: In Island nehmen 80 % der jungen Väter eine Auszeit! (Nebenbei bemerkt: Viele Untersuchungen sprechen dafür,
dass gleiche Möglichkeiten für Eltern, Vätermonate und hohe
Frauenbeschäftigungsrate, die Geburtenrate in westlichen Ländern im Gegensatz zu traditionellen Modellen steigern können.)
In Schweden nutzen die Männer, obwohl auch dort der über-
wiegende Teil engagierte Väter sind, dennoch nur 15,5 % der
ihnen zur Verfügung stehenden Elternzeit. Immer noch sind es
ganz überwiegend Mütter, die nach der Geburt ihrer Kinder eine
Auszeit nehmen.

Elternzeit: Immer noch Mütterzeit

Der primär unterstützende »Mann im Hintergrund« einer
Frau ist in vielen Fällen der eigene Vater, weniger der Vater der
gemeinsamen Kinder. Viele meiner Patientinnen berichten von
ihm als dem größten Förderer ihrer schulischen und beruflichen
Laufbahn. Viele haben oder hatten einen motivierenden Vater,
der zum Beispiel die Hausaufgabenbetreuung übernahm, die
Tochter in der Schule oder sportlich förderte und anspornte.
Vielleicht, so könnte man vermuten, führte diese, mehr auf
Leistung abzielende – männlichere? –, Förderung auch mit zur

Ansporn und Unterstützung durch den eigenen Vater

103

Burnout-Symptomatik im späteren Leben? Häufige Familien-Konstellationen von beruflich erfolgreichen Frauen sind zum Beispiel nur Töchter in der Ursprungsfamilie oder einzige Tochter unter lauter Brüdern.

Lassen sich Frauen unterstützen? Eine berechtigte Frage ist allerdings auch: Lassen sich Frauen überhaupt unterstützen, um weniger auszubrennen? Für welche Frau ist es selbstverständlich, die Hilfe ihres Mannes (oder auch anderer Personen!) bei Haushalt und Kindererziehung einzufordern und ohne Scheu anzunehmen? Viele Frauen stellen sich mit dem Anspruch, Kinder und Haushalt seien »ihre Sache«, selbst eine Falle. Diesen Anspruch übernehmen sie oft bewusst oder unbewusst von ihren Müttern (die oft noch »reine Hausfrauen« oder höchstens teilzeitberufstätig waren). Wer alles perfekt machen will (Beruf, Familie, Haushalt etc.), dessen Akku ist schnell leer.

Feel free! Hier müssen Frauen umdenken! Seien Sie freier in Ihrer Lebensgestaltung. Übernehmen Sie nicht gedankenlos die Erwartungen, die andere (Partner, Freunde, Verwandte, Nachbarn) – vermeintlich – an Sie haben. Probieren Sie aus, was Sie erfüllt! Was Ihnen Kraft gibt und Sie weiterbringt. Und geben Sie Verantwortung ab, an Ihren Mann, Ihre Freunde, professionelle Helfer, Ihre Verwandten und Nachbarn – und auch an Ihre Kinder. Um eben das mehr zu machen, was Ihnen Spaß macht, was Sie – und andere – beruflich oder persönlich voranbringt und Sie Ihrem Ziel näher kommen lässt.

Die 40-jährige Christine, als Assistentin der Geschäftsführung einer Papierfabrik tätig, hatte schon als Jugendliche gerne »Großes geleistet«. Sie war erfolgreiche Surferin gewesen. Einige Jahre hatte ihr Vater, der auch begeisterter Sportler gewesen war, sie zu nationalen und internationalen Wettkämpfen begleitet. Ihr Vater hatte ihre »Karriere« begeistert unterstützt und mit ihr stets an der Verbesserung ihrer Leistung gefeilt. Sie war es gewohnt, immer nach vorne zu schauen, stets den ersten Platz anzustreben. Im Beruf, noch dazu, wo sie jetzt ein Kind hatte, brachte sie diese Haltung nun an die Grenzen und über die Grenzen ihrer Belastbarkeit. Denn auch im Privaten wollte sie es immer bestens machen: eine gute Mutter sein (was immer das bedeutete …), eine liebevolle Ehefrau, so wie ihre Mutter das gewesen war, die ihren Vater immer umsorgt hatte. Und natürlich sollte auch der Haushalt picobello sein, anders hatte sie es bei ihren Eltern nicht erlebt: Ihre Mutter war eine hervorragende Köchin gewesen, das hatte ihr Vater immer lobend betont. Also sorgte Christine jeden Abend für ein leckeres Essen, mit täglich frischen Zutaten für die ganze Familie. Doch als ihre Tochter erkrankte, während ihr Mann auf einer mehrtägigen Dienstreise war, brach das »perfekte« System zusammen. An allen Ecken ging es plötzlich nicht mehr. Was sie bis dahin, unter immer größer werdender Anstrengung, geschafft hatte, war plötzlich nicht mehr möglich. Sie konnte sich nicht mehr auf eine Sache konzentrieren, war zunehmend schlecht gelaunt, übermüdet und gereizt. In der Therapie setzte sie sich mit den eigenen überhöhten Erwartungen auseinander und schaffte sich Freiräume. Und sie baute sich ein Netzwerk guter Unterstützer auf, die sie mental und praktisch förderten: Freundinnen in einer ähnlichen Situation, Babysitter, Haushaltshilfe. Einmal pro Woche ließ sie sich nun das Abendessen bringen, wenn ihr Mann auf Dienstreise war, zweimal. Eine Fülle von Lieferservices hatte sie bisher nie in Anspruch genommen. Auch ihren Mann nahm sie mehr in die Pflicht, jedes zweite Wochenende verbrachte er einen Nachmittag mit ihrer Tochter bei einem Ausflug, und Christine schaffte sich so, in regelmäßigem Rhythmus, eine Ruheinsel für Wellness, Entspannung oder ein gemütliches Treffen mit einer Freundin.

Schon bei der Wahl des Partners gibt es ein »Problem«, das die Schwierigkeit, Rollenerwartungen ungefiltert zu übernehmen und so »automatisch« in der Rolle der überbelasteten Mutter, Haus- und Karrierefrau, die die Karriere des Gatten auch noch, wie sie es von ihrer Mutter her kannte, unterstützt, wo es geht, zu landen, noch verschärft: Immer noch zeigen Befragungen, quer durch alle Gesellschaftsschichten, dass Frauen, egal wie erfolgreich oder gebildet sie sind, Lebenspartner suchen, zu denen sie »aufschauen« können. Zwei große Nachteile hat diese Erwartung: Zum einen wird die Luft irgendwann sehr dünn, und es gibt

Neue Partnerschaftsmodelle: Auch in den Köpfen von Frauen!

nicht mehr viele Männer »zur Auswahl«, wenn eine Frau beruflich etwas erreichen will. Zum anderen läuft so eine Partnerschaft meist wieder auf das alte Modell der »helfenden Frau im Hintergrund« hinaus: Der Partner macht »mehr« Karriere – weil er besser ausgebildet ist und so in der Regel mehr verdient – und bestimmt, wo es örtlich und zeitlich langgeht. Und der Partner, der »weniger« Karriere macht, läuft hinterher, hütet die Kinder, organisiert den Haushalt. Auch hier ist Umdenken gefragt – vor allem mehr Freiheit und Flexibilität in den Möglichkeiten. Ein netter Anfang wäre es, mehr Filme zu drehen, in denen ältere, erfolgreiche Frauen jüngere, gutaussehende, beruflich weniger erfolgreiche Männer lieben. Nach wie vor ist das Schema praktisch immer umgekehrt. Eine wunderbare Idee ist auch die Auszeichnung »Spitzenvater des Jahres« der Firma Mestemacher, die für ihr Engagement in Sachen Gleichberechtigung bekannt ist. Der mit 5000 Euro dotierte Preis wurde 2006 erstmals vergeben und zeichnet Väter aus, die sich für ein partnerschaftliches Ehe- und Familienmodell aktiv einsetzen.

Aber: Es bewegt sich was!

Die Wertigkeit von Beruf und Familie für Frauen und die, welche Frauen beurteilen, hat sich in den letzten 50 Jahren gravierend gewandelt und wird sich in den nächsten Jahren noch weiter rasant umgestalten. So berichtet die New York Times, dass 1996 (erstmals!) amerikanische Studenten die finanziellen Aussichten ihrer potenziellen Ehefrauen höher bewerteten als ihre Fähigkeiten als Köchin und Hausfrau. In den 90er-Jahren war der durchschnittliche 35-jährige Mann durchaus bereit, eine Frau zu heiraten, die wesentlich mehr als er verdiente, und weniger daran interessiert, eine Frau zu heiraten, die deutlich weniger als er verdient. Vor allem war er besonders wenig interessiert, eine Partnerin zu heiraten, die wenig Aussicht auf einen sicheren Job hatte. Männer nehmen mehr und mehr wahr, dass eine Frau, die den Lebensunterhalt wesentlich mitbestreiten kann, eine attraktive Partnerin darstellt. Dass diese Einsicht sich erst langsam durchsetzt, könnte auch dadurch zu erklären sein, dass der Kampf um gleiche Gehälter und Aufstiegschancen noch nicht ausgefochten ist, dass es einfach noch zu wenige Ehen gibt, in denen diese neue Form funktioniert. Wobei sich mittlerweile sogar andeutet, dass Ehen, in denen Frauen arbeiten, glücklicher sind als die klassische Einverdiener-Ehe der 50er- und 60er-Jahre.

3. Familie und Kinder

Sonja Bischoff, BWL-Professorin an der Hamburger Universität für Wirtschaft und Politik, hat in einer Studie herausgefunden: »Nicht Kinder sind das größte Karrierehindernis, sondern das Gehalt von Frauen.« In vergleichbaren Führungsjobs verdienen sie deutlich weniger als Männer, je höher Frauen steigen, desto größer wird der Unterschied. »Würden Frauen besser bezahlt, wäre die Kinderbetreuung kein Problem.« Zudem kämpfen sie immer noch gegen enorme Vorurteile. Sie seien zu emotional, zu wenig durchsetzungsstark oder zu wenig karriereorientiert – und diese Vorwürfe werden zur selbsterfüllenden Prophezeiung. »Weil Leistungen der Frauen nicht gebührend anerkannt werden, sind viele ab einem gewissen Punkt nicht mehr bereit, noch mehr zu arbeiten«, so die Forscherin. Im Wall-Street-Journal-Ranking 2004 der Top-50-Businessfrauen taucht – wie in den Jahren davor – keine deutsche Managerin auf.

Größtes Karrierehindernis: Das Gehalt, nicht die Kinder

Nichts passt zusammen: Die Gesellschaft tut in ihrem Alltag immer noch so, als gäbe es keine arbeitenden Schwangeren und Mütter. Gleichzeitig verlangt sie von Frauen Kinder, Kinder, Kinder. Dabei stehen etwa die hart arbeitenden Naturwissenschaftlerinnen nur in der Folge vieler Frauen vor ihnen, die auch gearbeitet haben oder arbeiten mussten. Früher fand die Frauenarbeit mangels Maschinen im Haushalt statt oder auf den Feldern und in den Fabriken. Für eine ständige Umsorgung des Nachwuchses war selten Zeit, und trotzdem besteht die Welt nicht nur aus seelisch verunglückten Kindern.

Die ›besten Jahre‹ im Haushalts- und Kinderstress

Allenfalls in einer privilegierten Oberschicht, die ihre Kleinen dem Personal anvertraute und also ebenfalls nicht selbst bzw. allein aufzog, haben die Mütter – im heutigen Sinne – nicht

107

gearbeitet. Sie hatten aber gesellschaftliche und häusliche Pflichten, die im damaligen Sinne die Aufgaben der Frauen waren. Damit leisteten sie einen wesentlichen Beitrag zum Erfolg der Familie, und ich halte diese Aufgaben daher für durchaus vergleichbar mit der modernen Berufstätigkeit von Frauen.

Die Sechzigerjahre, die als Bezugspunkt familienpolitischer Vorstellungen durchscheinen, waren eine Sondersituation: Haushaltsmaschinen hatten Zeit freigesetzt, das Wirtschaftswunder hatte den Männern Arbeit beschert, aber die unzulängliche Bildung von Frauen verminderte deren Berufschancen. Heute gibt es endlich hoch qualifizierte Formen von Arbeit für Frauen. Warum, frage ich mich immer wieder, wird diese winzige Zeitspanne immer noch als so prägend und bestimmend empfunden? Dass sich noch fast zwei Generationen später Mütter tagtäglich das Leben schwer machen, wenn sie ihre Kinder, und sei es nur stundenweise, anderen Menschen anvertrauen?

Immer wieder erhitzen Lebensberichte, wie der von Eva Herman in ihrem Buch »Das Eva-Prinzip«, die Gemüter: Die ehemalige Tagesschausprecherin plädiert für eine Rückkehr zur »traditionellen Wahrnehmung der Geschlechter«, um die Familie und damit die ganze Gesellschaft »vor dem Aussterben zu bewahren«. Auf der Suche nach Bestätigung haben sich Frauen ihrer Meinung nach »in eine männliche Rolle drängen lassen«, »angriffslustig, aggressiv, zu Teilen selbstherrlich«. Und nun hätten sie auch »den letzten Schritt vollzogen: Sie wollen nicht mehr gebären«. Obwohl im europäischen Vergleich ausgerechnet Island, das Land mit einer der höchsten Frauenerwerbsraten und in dem vier Fünftel der Väter Erziehungsurlaub in Anspruch nehmen, seit Jahren die höchsten Geburtenraten Europas hat! Warum wirkt in Deutschland so ein polemischer, sachlich schwer nachvollziehbarer und für viele Frauen diffamierender Aufruf? Als wäre es ein Widerspruch, angriffslustig und weiblich zu sein. Was haben denn »traditionell« unsere Großmütter gemacht? Sie hatten viel mehr Kinder als Frau Herman und haben ihnen, sonst hätten diese die Hungerwinter nicht überlebt, durchaus »angriffslustig« Essen beschafft! Ist das keine Mütterlichkeit?

Polemische Anknüpfung an eine vermeintliche weibliche Tradition

Was ist mit Bäuerinnen, und die meisten von uns stammen aus ursprünglich bäuerlichen Familien, die ihren Hof organisierten, rund um die Uhr schufteten und dabei sicher nicht zimperlich waren, um ihre Kinder, Mägde und Knechte und manchmal auch ihre Männer zu versorgen? Ist das etwa keine Weiblichkeit? Solch eine starke, selbstbewusste Frau darf ruhig ein bisschen »selbstherrlich« sein. In diesem Sinne dürfen meiner Ansicht nach auch heutzutage berufstätige Mütter, die ihren Beruf und ihre Kinder lieben und sich für beides einsetzen, selbstbewusst und stolz auf sich sein.

Hierzu ein kleiner geschichtlicher Exkurs, zum besseren Verständnis der vermeintlichen Unvereinbarkeit von Beruf und Mutterrolle (nach Barbara Vinken, Professorin an der Universität Jena und eine der führenden Gender-Forscherinnen in Deutschland, Autorin von »Die deutsche Mutter«). Der »lange Schatten des Mythos« der deutschen Mutter begann mit der kategorischen Bindung der Frau an die eigene Geschlechtlichkeit im reformatorischen Familienkonzept. »Wie der Nagel in die Wand«, so gehörte, einem Ausspruch Luthers gemäß, die Frau als Ehegattin und Mutter in den geheiligten Raum der Familie, für deren leibliches Wohl sie zu sorgen hatte. Auf diese Weise aus der Spiritualität der Klöster in die profane Welt verbannt und aufs physische Dasein verpflichtet, wurde die Figur der idealen Mutter in den folgenden Jahrhunderten wie eine russische Puppe von immer voluminöser werdenden Bedeutungshüllen umgeben. Gesellschaftsmodelle, politische Interessen und religiöse Überhöhungen wurden an ihr »festgemacht« und als natur- oder gottgegeben verkündet. Im Kontrast zu einer oberflächlichen und trügerischen Außenwelt verkörpere sie Herzensbildung, Innerlichkeit und (göttliche) Wahrheit. Der innerhalb der deutschen Frauenbewegung maßgebliche »ethische Feminismus«, der an die »Mütterpolitik« der bürgerlichen Frauenbewegungen des beginnenden 20. Jahrhunderts anknüpft, versteht sich weiterhin in der Tradition der Mütterlichkeit als eine humanitäre Instanz, wenn auch unter anderen Voraussetzungen und in anderer Begrifflichkeit. Dieser Feminismus beansprucht, außerhalb einer als feind-

Die deutsche Mutter und ihr Mythos

lich empfundenen, männlich dominierten Welt des Geldes und der Macht sozusagen außer Konkurrenz und zu anderen Zielen zu laufen. Er wendet die Verschiedenheit der Geschlechter zum alternativen Entwurf, statt auf deren gesellschaftlichen Ausgleich zu dringen.

Moderne Frauen beziehen ihre Wertigkeit als Mutter also (immer noch) auf diese überhöhte, humanitäre Instanz. »Männlich« definierte Verhaltensmuster werden als nicht vereinbar mit einer »echten Mütterlichkeit« empfunden und somit Berufstätigkeit (mit ihrer diesbezüglichen Ausrichtung) immer noch – bewusst oder unbewusst – als »unvereinbar« mit der Mutterrolle erlebt. Mütter setzen sich also nicht nur rein praktischem Stress aus, wenn sie arbeiten, sondern erleben sich aufgrund dieser tradierten Wertigkeit als »schlechte« Mutter. Doppelter Stress – doppeltes Burnout-Risiko? Nicht, wenn Sie versuchen, ein paar Dinge in Ihrer Einstellung und Ihrem Alltag zu ändern. Lesen Sie dazu die Tipps in diesem Kapitel und machen Sie Übungen zu den Themen aus Kapitel VI, »Wege aus dem Burnout«. Erweitern Sie Ihre Handlungsmöglichkeiten bei den Themen Regenerieren, Delegieren und Grenzen erkennen.

Kinder: Last und Freude

Kinder erfordern Flexibilität – und machen flexibel

Regenerieren, die eigenen Grenzen beachten, einen eigenen Rhythmus finden und leben – das alles ist mit Kindern nicht so einfach. Das eigene Tempo, die eigenen Pausen werden immer wieder durchkreuzt! Aber: Learning by doing ist hier gefragt und: Man wächst mit seinen Herausforderungen. Sie können diese Chance nutzen, um zu lernen, Grenzen *schneller* zu erkennen, *effektiver* zu regenerieren und *häufiger* zu delegieren. Denn das alles fordern Kindern tagtäglich von Ihnen. Wenn Sie erschöpft, ausgelaugt und dementsprechend schlecht gelaunt sind, bekommen Sie sofort einen Spiegel vorgehalten. Kinder sparen – im Gegensatz zu vielen Chefs und Kollegen – nicht mit Feedback! Nutzen Sie es, statt sich darüber zu ärgern. Nebenbei bemerkt: Auch in sozialen Berufen, in denen ja überdurchschnittlich viele Frauen arbeiten, können Sie diese schnellere Rückmeldung Ihrer Patienten/Klienten/Kunden nutzen. Im produzierenden Gewerbe oder in der Wirtschaft und in Ingenieursberufen ist dies oft viel schwieriger.

Nach einem Bericht der Financial Times Deutschland hat nur jeder dritte Beschäftigte in höheren Positionen Kinder im Alter bis zu 16 Jahren. Das heißt umgekehrt: Zwei Drittel aller Führungskräfte haben keine jüngeren Kinder. Ihre Vorgesetzten sind es also in der Regel nicht gewohnt, die Sorgen und Nöte berufstätiger Eltern und das Hangeln zwischen Job und Familie am eigenen Leib zu erleben. Hinzu kommt, dass in fast allen Volkswirtschaften die meisten Führungkräfte immer noch Männer sind (der Anteil von Frauen an den Führungspositionen in Deutschland und Österreich liegt zwischen 25 und 27 %, der Anteil der Mütter ist noch kleiner und zwischen 2000 und 2004 wieder gesunken).

Nur jeder 3. Chef lebt mit Kindern

Karriere und Kinder ist möglich – bei Männern und Frauen

Aber: Frauen wagen immer öfter den Spagat. Ein Blick über die Grenzen und in höhere Gefilde ist vielleicht schon ein Blick in die Zukunft: Ana Patricia Botin, Erbin und Geschäftsführerin der spanischen Banco Espanol de Credito und eine der weltweiten Top-50-Businessfrauen und »50 Women to watch«, ist Mutter von drei Kindern. Die französische Ministerin Brigitte Girardin hat so selbstverständlich eine Familie wie die Hochkommissarin für Menschenrechte in Genf, die Kanadierin Louise Arbour. Bei uns war man bislang entweder Parteivorsitzende oder Mutti, lud entweder zum Polit-Talk oder zur Krabbelgruppe.

Aber das ändert sich zunehmend. Seit der letzten Bundestagswahl rückt eine deutsche Ministerin, Ursula von der Leyen, als siebenfache Mutter und Ärztin in's Licht der Öffentlichkeit und wird so zum privaten und beruflichen – auch international beachteten – Gegenmodell zur Vollzeitmutter. Ein nicht so prominentes Beispiel ist Patricia Cramer-Schiefke. Die 49-Jährige war bis 1984 Projektleiterin im Cargo- und Logistikumfeld der Lufthansa. Als sie ihre Tochter bekam, nahm sie ein Jahr Mutterschaftsurlaub. Währenddessen handelte sie eine Teilzeitstelle

Es geht auch anders

111

aus, die es damals bei Lufthansa in dem Bereich noch nicht gab. Schon nach einem Jahr übernahm sie wieder Führungsaufgaben, nach vier Jahren arbeitete sie wieder Vollzeit. Mittlerweile ist sie Leiterin des Offshore-Managements. »Man braucht sehr viel Organisationstalent und einen Partner, der mitzieht«, sagt Cramer-Schiefke rückblickend. Heute hat sie drei Kinder.

Familie als Schutz vor Burnout

Am Anfang sind Kinder in unseren vergleichsweise kinderarmen Ländern eine große Umstellung. Von »nichts muss geplant werden, außer dem Job« hin zu »alles muss geplant werden, sonst kein Job« ist es ein zum Teil recht harter Weg, der auch dadurch nicht einfacher wird, dass die ersten Kinder immer später geboren werden und man so das Leben als Single oder Paar schon sehr verinnerlicht hat. Aber Kinder eröffnen auch enormes Entwicklungspotenzial: Vom Familienmanagement kann man nur profitieren, Kinder bereichern das Leben, verhelfen zu neuen Erfahrungen, zu intensiveren menschlichen Bindungen. Und diese intensiven Bindungen und das persönliche Wachstum sind ein wirksamer Schutz vor Burnout.

Die Mehrfach»belastung« kann also durchaus auch ein Schutz vor dem Ausbrennen sein! So wie ein erfüllendes Hooby, die Leidenschaft für Kunst und Kultur, ein ehrenamtliches Engagement kann die Familie ein Ort sein, an dem man einfach hineingezogen wird in Dinge, die den Beruf vergessen lassen. Zum anderen sind menschliche Bindungen ein wichtiger Bestandteil unseres seelischen Gleichgewichts, der Mensch ist und bleibt ein soziales Wesen und braucht intensive zwischenmenschliche Kontakte. Viele Burnout-Betroffene spüren über lange Zeit kaum, wie sehr ihnen diese fehlen: Eine Patientin hatte während ihres Krankheitsverlaufs nach und nach private Beziehungen schleifen lassen, hatte sich nicht mehr bei Freunden gemeldet und zuletzt nicht einmal mehr auf Mails oder SMS geantwortet. Erst eine wütende ›Beschwerde‹ einer Freundin brachte sie zum Nachdenken. Intensive Beziehungen bedeuten auch Auseinandersetzung! Ein Patient hatte sich in einer Burnout-Krise mit Erschöpfung und Gereiztheit über Monate immer mehr zurückgezogen, im Beruf und auch privat. Er besuchte keine Freunde mehr, versuchte abends nur die Beine hochzulegen, um für den nächsten Tag wieder fit zu sein, was von Mal zu Mal weniger fruchtete. Seine Frau hatte sich um alles gekümmert, die beiden Kinder erlebten ihren Vater nur noch »körperlich anwesend«. Von diesem Nebeneinanderher-Leben konnte keine Kraft ausgehen. Erst als er im Laufe der Behandlung fähig wurde, nahen Kontakt zu anderen Menschen wieder zuzulassen, war ihm intensive Auseinandersetzung wieder möglich. Durch Auseinandersetzungen mit seiner Familie wurde ihm erst bewusst, dass er dies nun geschafft hatte und wie lange und wie stark er zuvor in sich verschlossen gewesen war.

Kinderbetreuung: Eine schwierige Diskussion

In Deutschland herrscht zum Thema Beruf und Familie bei Frauen (und zunehmend auch bei Männern) in erster Linie eines: größte Verunsicherung.

> Viele konkurrierende Lebenswege – wenig Solidarität

Frauen sind hinsichtlich ihrer Bewältigung von Beruf und Familie/Privatleben heutzutage in einem viel größeren Maße als früher »Konkurrentinnen«. Jede macht es irgendwie anders – Vollzeitmutter, Halbzeitmutter, Karrieremutter, Rabenmutter, um nur ein paar zu nennen. Kaum ein Lebensweg einer berufstätigen Frau ist mit dem einer »Mitstreiterin« vergleichbar. Dadurch und durch ihr Leben an vielen Fronten (mit dem damit verbundenen Zeitmangel) erleben berufstätige Frauen weniger Solidarität in einer Gruppe Gleichgesinnter oder -betroffener. Daher halte ich die bereits erwähnten Frauen-Netzwerke für berufstätige Mütter für sehr wichtig. Viele finden erst hier Frauen in einer ähnlichen Situation, mit denen sie sich austauschen können.

Vor allem das Thema Kinderbetreuung wird extrem polarisiert. In ganz Deutschland gibt es immer noch Elternmagazine, die eine Erziehung der Kinder durch Fremde, und sei es auch nur stundenweise, generell ablehnen. Das auflagenstärkste Münchner Elternmagazin KITZ zum Beispiel verunglimpfte noch vor wenigen Jahren regelmäßig in Leitartikeln und Kommentaren die Kinderkrippen der bayerischen Landeshauptstadt. Die Stadt ent-

> Hoch explosives Debattierthema: Kinderkrippen

schied daraufhin, das Magazin in ihren Einrichtungen nicht mehr auszulegen. In dem Magazin wurden Krippen zum Teil wie die »Aufbewahrungs-Einrichtungen« der vorletzten Jahrhundertwende beschrieben. Damals herrschten dort jedoch Zustände, die mit denen in modernen Krippen, in denen z. B. von früh an Methoden zur Sucht- und Gewaltprävention kleinkindgerecht umgesetzt werden, nichts mehr gemein haben. Auch Langzeitstudien zur Kinderbetreuung zeigen, dass Kindererziehung schon vom ersten Lebensjahr an auf mehrere Schultern verteilt werden kann, ohne dass Kinder dabei Schaden nehmen. Moderne Kinderkrippen entsprechen in ihrem pädagogischen Konzept den Vorgehensweisen nach den neuesten Bindungstheorien. Die Eingewöhnungsphase dauert 4 – 8 Wochen, in denen das Kind langsam Vertrauen in die Betreuungspersonen gewinnt, bis es sich bei ihnen sicher fühlt. Sichere Bindung, Voraussetzung für eine gesunde Entwicklung im Kindesalter, kann, nach mittlerweile einstimmiger Meinung von Experten, auch so erreicht werden. Auch früher, in ländlich bäuerlichen Gemeinschaften, war die Bindung zu mehreren Personen eine Selbstverständlichkeit, sobald das Kind sich selbst fortbewegen konnte. Es erkundete seine Umgebung und damit auch die umgebenden Menschen.

In einer sogenannten Meta-Analyse mehrerer Studien mit über 3000 Kindern hat Lieselotte Ahnert herausgefunden, dass der Bindungsaufbau zu einer Tagesmutter oder Erzieherin über ganz andere Pfade verläuft als der Bindungsaufbau zur Mutter. Wichtig ist vor allem die Gruppenatmosphäre. Schafft es die Betreuerin, ihre Gruppe einfühlsam zu führen und eine harmonische Atmosphäre aufzubauen, versteht sie es, in den wirklich wichtigen Momenten die individuellen Bedürfnisse zu stillen, dann kann auch ein Kleinkind sehr wohl tolerieren, dass es nicht immer die Nummer 1 ist. Eine hohe Qualität der Betreuung vorausgesetzt, erscheint es auch in Kinderkrippen als eher unwichtig, welche der Erzieherinnen das Kind gerade betreut. Die Kinder entwickelten eine Bindung zu der Erzieherin als solches – eine Art verallgemeinernder Prozess. Aktuelle Forschungen belegen mehrfach, dass eine gute Eltern-Kind-Bindung auch bestehen bleiben kann, wenn das Kind schon früh in einer Kindertagesstätte oder von einer Tagesmutter betreut wird. Es zeigte sich sogar, dass Mütter von Kindern in exzellenter Betreuung sich morgens und abends sehr intensiv mit ihrem Nachwuchs befassen. Die sorgfältige Auswahl der Kita oder einer vertrauenswürdigen Tagesmutter scheint geradezu ein Indikator zu sein für die Feinfühligkeit der ersten Bezugsperson – also meist der Mutter. Wer es gut meint mit dem Kind, schaut sich intensiv nach optimalen Angeboten um. Und je früher Eltern außerfamiliäre Betreuung in Anspruch nehmen wollen, desto eher suchen sie nach einer behütenden und warmen Versorgungsatmosphäre.

Hierzulande hält sich dennoch hartnäckig die Mär von der allein selig machenden Mutter. Sogar Frauen, die selber Karriere gemacht oder ein Geschäft aufgezogen haben, argumentieren noch häufig in diesem Ton. Obwohl Langzeitstudien seit vielen Jahren immer dieselben Ergebnisse generieren: dass Kinder in den ersten Lebensjahren nicht allein von der Mutter umsorgt werden müssen, um glücklich und zufrieden aufzuwachsen. In Frankreich, gerade mal ein paar hundert Kilometer weiter, kann das so recht niemand verstehen: »Und wie ist das mit dem Urvertrauen?«, versuchte eine in Paris lebende Deutsche ihre französische Kinderärztin zu fragen, nachdem sie ihren Sohn in der Krippe angemeldet hatte, aber: Wie heißt das auf Französisch, Urvertrauen? Sie versuchte zu umschreiben. Die Kinderärztin sah sie erstaunt an: »Glauben Sie, ein Kind weiß nicht, wer seine Mutter ist?« Der Ärztin war anzusehen, daß sie nicht verstand, was dem Kind fehlen sollte, und deutete an, dass es sich eher um eine Frage des Selbstvertrauens bei der Mutter handeln könnte.

Die Mär der allein selig machenden Mutter hält sich – im Widerspruch zu Erfahrungen in anderen Ländern und wissenschaftlichen Erkenntnissen

Zögern Sie also nicht, sich durch eine (gute) Kinderbetreuung zu entlasten. Sie, und auch Ihre Kinder, können davon profitieren. Und Sie schützen sich durch regelmäßige Erholungszeiten und Zeit für eigene Leidenschaften vor dem Ausbrennen. Wie Katja, die sich nach einer Burnout-Krise endlich auch für die Ausübung ihres Hobbys einen Babysitter nahm. Und nicht nur, um während der Betreuungszeit so viel wie möglich und so schnell wie möglich zu arbeiten. Ihre Tochter konnte mit eineinhalb Jahren den Unterschied, also ob ihre Mutter arbeite oder Freizeit hatte und ob sie 2 oder 3 Stunden weg war, noch nicht einmal merken – und Katja kam viel entspannter und zufriedener wieder zu ihr zurück.

Trotz Kindern – wegen Kindern: Bleiben Sie am Ball!

Die Zahl weiblicher Führungskräfte steigt: nach einer Studie des Nürnberger Instituts für Arbeitsmarkt- und Berufsforschung (IAB) zwischen 2000 und 2004 von 20 auf 24 % in den alten Bundesländern, von 25 auf 28 % in den neuen Bundesländern. Prima. Aber eine schlechte Nachricht ist auch dabei: Der Anteil von Müttern wird geringer, laut IAB aufgrund der starken Diskrepanz zwischen Vätern und Müttern in Führungspositionen: Bei berufstätigen Vätern übernimmt die Partnerin die Familienarbeit, stellt ihre eigene Karriere zurück und unterstützt ihren Mann. Partner von Führungsfrauen sind dagegen in der Regel vollzeiterwerbstätig und zu einem Drittel selber Führungskraft.

Bleiben Sie am Ball! Bleiben Sie, wenn Ihre Arbeit für Sie wichtig war und ist, in Ihrer Erziehungszeit auf jeden Fall in irgendeiner Weise berufstätig. Wer als junge Frau mit neunundzwanzig Jahren – dem Durchschnittsalter der Erstgeburt – zum Beispiel in der Naturwissenschaft seine Promotion abschließt, hat in der rauen Lebenswirklichkeit genau elf Jahre Zeit, seine Qualifikationen zu entfalten und Einfluss auf seine Arbeitsstätten – und sein Gehalt – für den langen Rest des Lebens zu nehmen, auch für die Zeit, wenn die Kinder längst aus dem Haus sind. Dies ist die Phase, die für das ganze Leben die größte Hebelwirkung hat. Ein Jahr Babypause von Frauen wird von Arbeitgebern meist akzeptiert. Wer aber länger wartet und am Ende noch mehrjährige Babypausen aneinanderhängt, kann sich in die Schlange arbeitsloser Akademiker einreihen.

Seien Sie Ihr persönlicher Investor! Man (Frau) kann über diese harte Lebenswirklichkeit nun klagen – oder aber das Beste daraus machen. Seien Sie kreativ: Es gibt so viele Formen, beruflich weiterzukommen, auch ohne »Nine-to-five job«. Und denken Sie, wenn irgend möglich, nicht nur ans Geld, sondern an Ihre weitere berufliche Qualifikation – und natürlich auch an Ihre Gesundheit. Das Geld kommt später von allein, wenn Sie gut qualifiziert sind (und bleiben!), Ihre Geschäftskontakte pflegen, fit und zufrieden sind und nicht ausbrennen. Am ehesten werden Sie wieder in Ihren Beruf (oder in einen interessanten Job) zurückkehren, wenn Sie Kontakte nicht abreißen lassen, wenn Ihr Name immer wieder in Gesprächen auftaucht. Übrigens ein bewährter »Karrieretrick« der meisten männlichen »High-Potentials« – da ist es nicht in erster Linie wichtig, hervorragende Leistungen zu erbringen, sondern immer wieder in Erscheinung zu treten!

Sorgen Sie dafür, dass man von Ihnen spricht – selbst wenn es eine Zeit lang nur darum geht, dass Sie sich weiter für Ihren Beruf interessieren oder dass Sie sich weiterbilden.

Let's talk about me

Stellen Sie, wenn irgend möglich, die positiven Seiten dar, auch wenn es nur ein paar sind: Das »verkauft« sich besser und außerdem fühlt es sich besser an – für Sie und andere. In meinen Anti-Burnout-Seminaren für angehende Lehrer an der Technischen Universität München rate ich den Studenten, ihren Beruf, ihre Möglichkeiten (freiere Zeiteinteilung, Kontakt mit jungen Menschen etc. ...) positiv darzustellen und sich nicht dafür zu entschuldigen, dass sie am Nachmittag »frei« haben, und darauf zu verweisen, wie »furchtbar anstrengend« doch die Schüler sind. Neider sind sowieso nicht zufriedenzustellen – und Sie selbst fühlen sich viel wohler, wenn Sie über das Positive in Ihrem Leben von Zeit zu Zeit bewusst mehr nachdenken und reden als über das Negative.

Denken Sie an das Positive in Ihrem Leben

Netzwerke: Warum Communities so wichtig sind

Durch den Aufbau eines Netzwerkes, die in organisierter Form in den letzten Jahren einen ungeheuren Zuspruch erfahren, können Sie sich Unterstützung und Hilfe sichern und noch von anderen Dingen profitieren, wie zum Beispiel der persönlichen und beruflichen Erfahrung der anderen Netzwerker- und Netzwerkerinnen. Eine berufliche Community mit klar definierten Zielen

Keep in touch!

bietet zudem Möglichkeiten, die in privaten Zusammenschlüssen oft fehlen. Schließen Sie sich interessanten und wenn möglich potenten Netzwerken an. Auch Frauen-Netzwerke sind zu empfehlen, die seit Jahren weltweit boomen: Dort haben Sie Kontakt zu den, noch immer wenigen, Frauen, die in einer ähnlichen Lage sind wie Sie. Es kommen Frauen zusammen, denen man sonst vermutlich nie begegnet wäre, und das Arrangement der Treffen, teilweise mit informativen Vorträgen und Austausch über die jeweilige Job-Situation, bietet neue Impulse. Der private Austausch ist ebenfalls sehr wichtig: Gerade im deutschsprachigen Raum haben berufstätige Frauen, vor allem Mütter oder weibliche Führungskräfte, oft jahrelang keine »gleichartigen« Ansprechpartner. Durch Babypausen, schlaflose Nächte und den viel zu individuellen Versuch, Job und Familie unter einen Hut zu bringen, vereinsamen zudem viele berufstätige Mütter (und durchaus auch Väter!). Die Lebensmodelle von Frauen zwischen 30 und 45 haben sich in den letzten 100 Jahren radikal verändert und verändern sich weiter rasant. So berichtete mir die Leiterin einer Krabbelgruppe in München, dass sich allein zwischen 2000 und 2005 die Zusammensetzung der Krabbelgruppenteilnehmer stark geändert habe: Wo sich zuvor immer nur Mütter mit ihren Säuglingen trafen, kommen jetzt zu vielen Treffen stattdessen die Elternzeit nehmenden Väter oder die Kindermädchen. Und die berufstätigen Mütter kommen zu den Wochenendveranstaltungen, die »Väter-Vormittage« heißen (und immer noch im Programm der Anbieter so genannt werden).

Gute Gründe, um sich als berufstätige Frau ein Netzwerk mit Gleichgesinnten aufzubauen. Denn: Finden Sie mal als berufstätige Mutter in der Nachbarschaft oder im Bekanntenkreis eine Frau, die genau Ihr Lebensmodell lebt! Sie werden lange suchen müssen. Unsere Mütter und Großmütter hatten es da leichter: In der Regel mussten sie, entweder weil es nicht anders ging oder weil es (zum Teil gesetzlich) so vorgeschrieben war, schon bei der Heirat oder spätestens bei der Geburt ihres ersten Kindes ihren Beruf aufgeben. Damit saßen alle im gleichen Boot. Schwierig für Andersdenkende und -handelnde, aber leichter für die meisten,

Wenig Gleichgesinnte in der Nähe

da sich die Sorgen glichen und man sich bei Problemen gegenseitig unterstützen konnte. Ungleich schwerer haben wir es heutzutage: Die Hausfrau und Mutter kann die berufstätige Mutter nicht verstehen, die kinderlose Karrierefrau nicht die berufstätige Mutter, die Teilzeittätige nicht die Vollzeittätige und so weiter und so fort! Und wenn es nur ein respektvolles einander Nicht-Verstehen wäre! Stattdessen definieren sich Frauen in verschiedenen Lebensmodellen leider immer noch nicht selten durch das Abwerten des anderen Lebensmodells, was die Vereinzelung noch vorantreibt. Daher: Suchen Sie sich ein potentes, interessantes Netzwerk mit Frauen in Ihrer Lebenssituation! Für mich waren die Netzwerke, in denen ich mich seit einigen Jahren engagiere, nicht nur beruflich, sondern auch privat eine große Bereicherung. Es sind Communities, in denen Frauen sich gegenseitig ermutigen und Vorbilder finden in anderen, mutigen und geschäftstüchtigen Frauen.

Suchen Sie sich ein oder zwei Netzwerke, in denen Sie Kontakte knüpfen und über einen längeren Zeitraum vertiefen können. Lassen Sie sich von Ihrem Gefühl leiten: Fühlen Sie sich durch die Treffen animiert, inspiriert und in Ihrem beruflichen Fortkommen bestätigt und motiviert, so liegen Sie richtig. Bleiben Sie am Ball, denn, wie überall, gestalten sich nachhaltige und tragfähige (Business-)Kontakte erst nach Monaten, oft Jahren. Um empfohlen zu werden oder um Hilfe und Unterstützung angeboten zu bekommen, muss man wissen, *was* Sie tun – also kommunizieren Sie dies immer wieder auch für Nicht-Fachleute verständlich, geben Sie Beispiele, auch Anekdoten, aus Ihrer Tätigkeit, alles, was in Erinnerung bleibt und Ihre Tätigkeit illustriert und verständlich macht. Viele Adressen von (Frauen-) Netzwerken finden Sie im Kapitel Tipps und Links am Ende des Buches.

Halten Sie Kontakt zu Ihrem Netzwerk

… und nehmen Sie Hilfe an!

Lassen Sie sich helfen!

Niemand kann alles. Hilfe anzunehmen oder annehmen zu können ist ein ausgezeichneter Schutz vor dem Ausbrennen – denn oft reicht nur der Gedanke, »Ich könnte, wenn ich wollte, den oder die fragen«, um Stress zu reduzieren. Das nimmt Problemen die Dramatik und reduziert den Stress schon in dem Moment, wenn Sie die Welle »auf sich zu rollen« sehen. Nutzen Sie die Stärken anderer, um Ihre Stärken für sich und andere besser zu nutzen.

Organisieren Sie sich Hilfen aus allen Richtungen!

Lassen Sie sich von Ihrer Nachbarin Milch vom Supermarkt mitbringen, warum sollen Sie beide den Weg machen? Sie können ihr vielleicht bei Gelegenheit selber etwas mitnehmen oder aber einen Kontakt für deren Business verschaffen, den Sie in der so eingesparten Zeit gepflegt haben. Sie brauchen auch nicht jeden Kuchen für den Kindergeburtstag selbst backen. Ihr Kind freut sich über *ein* Werk, das Sie vielleicht mit ihm zusammen gestalten. Den Rest können Sie einkaufen oder die Oma, die Patentante oder Freundin (oder den Opa, Patenonkel oder einen Freund?) bitten, etwas mitzubringen. Dann freut sich Ihr Kind nicht nur über Ihr Geschenk, sondern auch über die passenden Geschenke der anderen – und die anderen darüber, dass sie so erfahren, welches Geschenk passt!

Investieren Sie in Ihre Zukunft!

Denken Sie unternehmerisch!

Investieren Sie in Ihre Zukunft wie ein guter Unternehmer: durch Babysitter, Haushaltshilfe, Fort- und Weiterbildungen. Eine gute Ausbildung ist die beste Möglichkeit, vor allem für Frauen, auf Dauer (gutes) Geld zu verdienen. Leisten Sie sich Hilfen, um in Ihrem Beruf am Ball zu bleiben. Am Anfang wird Ihnen das vielleicht fast »unbezahlbar« erscheinen. Aber Unternehmer müssen auch am Anfang Tausende bis Zigtausende – manchmal Millionen – investieren, um erst Jahre später Gewinn einzufahren. Sehen Sie die 800 Euro für die Tagesmutter, die 200 Euro für eine Haushaltshilfe als eine solche Investition. Sie werden später dieses Geld wieder »einspielen« können, wenn Sie dafür beruflich am Ball bleiben – und nicht erschöpft zusammenbrechen. Wenn Sie erst mehrere Jahre aus dem Beruf sind, werden Sie dagegen eine gut bezahlte Stelle nur noch schwer finden – was im Übrigen kein weibliches Problem ist, Männern würde es umgekehrt genauso gehen! Als arbeitende Mutter musste ich anfangs lange Zeit fast mein komplettes Gehalt in Kinderbetreuung und Haushaltshilfen stecken. Aber ich hatte Zeit zu arbeiten, mich weiterzubilden, Kontakte zu knüpfen und zu halten, ein Buch zu schreiben, Dinge auszuprobieren und zu testen, was ich kann und was ich nicht kann. Und ich hatte durch meine Haushaltshilfe sogar mehr Zeit und Gelassenheit für meine Kinder. Das allein war die Investition wert.

4. (Business-)Frauen und Haushalt

Die Süddeutsche Zeitung titelte im Februar 2006 »Deutsche sollen sich an Chinesen messen«: »Die Deutschen verplempern zu viel Zeit fürs Private«, sagt Haifeng Ling, Deutschland-Chef der Mobilfunkgerätefirma ZTE. Die Deutschen seien ein »sehr fleißiges Volk«. Doch »andere verwenden mehr Zeit darauf, gute Produkte zu machen«. Heftige Kritik äußerte der Manager an der oft umständlichen Organisation des Alltags. Viel Zeit würde für Dinge vertrödelt, »die andere besser erledigen könnten«: »Die Deutschen jäten Unkraut oder kochen für die Familie, obwohl es Spezialisten dafür gibt, die das besser und schneller können.«

Öffentliche Diskussionen zum Thema Frau, Beruf und Familie behandeln immer und fast ausschließlich das Thema Kinderbetreuung. Aber viele Mütter (und zunehmend auch Väter) bringt das in Bedrängnis: Wozu habe ich Kinder, wenn ich sie nur einmal am Tag für eine Stunde »quality time« sehe, sie den Rest der Woche »abgebe« und unsere gemeinsame Zeit mit Aufräumen, Putzen, Kochen, Waschen, Bügeln etc. verbringe?

Warum wird in Deutschland nicht einmal das Thema »Gut ausgebildete Frauen arbeiten als Haushaltshilfen: Millionen ver-

Öffentliche Diskussionen Job/ Familie: fast ausschließlich zum Thema Kinderbetreuung

»Skandal: Teuer ausgebildete Akademikerinnen arbeiten als Putzfrauen!«

Was ist mit der Hausarbeit?

Frauen waren niemals nur Mütter und Hausfrauen

Die Amerikanerinnen arbeiten genauso viel wie deutsche Frauen – nur die Hälfte mehr für ihren Job!

geudeter (Bildungs-)Investitionen« angeprangert? Warum fehlt diese Schlagzeile in den Blättern?

Warum soll eine Krankenschwester, Rechtsanwältin, Lehrerin, Ärztin, Musikerin ihren Haushalt (und in der Regel den der ganzen Familie!) allein bewerkstelligen? Der volkswirtschaftliche Schaden scheint mir dabei enorm, ganz abgesehen vom Frust einer jungen Mutter, die jahrelang erfolgreich berufstätig war und nun lebt wie ein Haus- und Kindermädchen.

Meine Großmutter, Jahrgang 1891 und Lehrerin, hielt es für selbstverständlich, dass jede Frau, die einen Beruf ausübt, ein Hausmädchen braucht und hat. Bis vor wenigen Jahrzehnten war in der bäuerlichen und bürgerlichen Gesellschaft Arbeitsteilung schon aus wirtschaftlichen Gründen ein Muss: Eine Landwirtschaft, ein Handwerksbetrieb und auch Bürger konnten es sich nicht leisten, Frauen zwischen 20 und 40 Jahren allein zur Kinderbetreuung »abzustellen«. Sie mussten mit aufs Feld, im Betrieb helfen oder hatten gesellschaftliche Aufgaben zu erfüllen. Was bringt heutzutage viele berufstätige Frauen dazu, den Haushalt als ihre alleinige Angelegenheit zu begreifen, sobald sie Kinder haben? Die meisten Männer kämen überhaupt nicht auf den Gedanken! Sie fühlen sich durch die Geburt des Nachwuchses kaum beeinträchtigt: Rund 80 % der Väter geben immer noch an, sich durch ihre Kinder nicht stärker belastet zu fühlen.

Meine Putzfrau fragte mich, als ich mit meiner ersten Tochter schwanger war, ob sie denn nach der Geburt des Kindes noch kommen solle. Viele ihrer Kundinnen würden danach auf eine Hilfe verzichten. Dabei ist es danach so notwendig wie nie zuvor, Hilfen anzunehmen! Zumal, wenn man beruflich irgendwie am Ball bleiben und nicht nach ein paar Jahren Kinderpause als Aushilfskraft in einem Blumenladen anfangen will.

Ein internationaler Vergleich sollte nachdenklich machen: Noch 1970 war dies- und jenseits des Atlantiks die Berufstätigkeit von Frauen gleich niedrig. Heute aber liegt nicht nur der Anteil der berufstätigen Amerikanerinnen weit über dem deutscher Frauen. Auch die Aufteilung der Beschäftigung (Büro/Haus) weist erhebliche Unterschiede auf: Hier wie dort arbeiten sie, statistisch gesehen, gleich lang. Die Amerikanerin jedoch verbringt die Hälfte ihrer Arbeitszeit im Büro, die Deutsche nur 30 %. In den restlichen 70 % ihrer Arbeitszeit putzt, kocht und wäscht sie – und versorgt die Kinder.

Und das gilt für alle Hierarchiestufen. Michaela Bürger, Vice President Executive Development beim Siemens-Konzern und in der Hierarchie nur zwei Ebenen vom Vorstand entfernt, meint: »Das Delegieren ist mir am schwersten gefallen. Hilfe im Haushalt anzunehmen, das hat mich wirklich Überwindung gekostet.« Bei den meisten ihrer männlichen Kollegen auf gleicher Stufe stellt sich die Frage immer noch anders herum: Mache ich überhaupt etwas im Haushalt, ist da eher die Frage. Für nicht wenige Männer ist es noch völlig selbstverständlich, dass der Haushalt ja erledigt wird. Oft empfinden sie es schon als sehr hilfsbereit, wenn sie, vielleicht anders als noch ihr Vater, den Abendbrottisch mit abzuräumen helfen.

Praktische Hilfe können berufstätige Mütter und Akademikerinnen über eine Stiftung der Nobelpreisträgerin und Direktorin am Max-Planck-Institut für Entwicklungsbiologie Professorin Christiane Nüsslein-Vollhard erhalten. Die Organisation unterstützt Doktorandinnen durch Zuschüsse für Kinderbetreuung und Haushaltshilfe, damit sie Zeit und Flexibilität für ihre wissenschaftliche Arbeit gewinnen. *Praktische Hilfen*

Das gilt natürlich nicht nur für Mütter! Viele meiner Patientinnen, deren (männliche) Berufskollegen selbstverständlich eine Putzfrau und Haushälterin und ggf. noch eine Kinderfrau haben (mit der sie meist verheiratet sind), können selbst auf keinerlei Hilfe zurückgreifen. Zum Teil unterstützen oder pflegen sie noch dazu ihre Eltern oder Schwiegereltern. Dabei ist eine Haushälterin doch um einiges günstiger als ein Ehegatte... Zumal, wenn sich die vorsintflutliche und nur in wenigen Ländern wie Deutschland in dieser Form existierende Steuerregelung des Ehegattensplitting, die das »Ein-Verdiener-Hausfrauen-Modell« begünstigt, in naher Zukunft verändert haben wird. Länder wie Deutschland, Österreich oder die Schweiz können es sich auf Dauer nicht leisten (und werden dies daher auch politisch und *Haushaltshilfe: Nicht nur für Mütter* steuerrechtlich begünstigen), qualifizierte Arbeitskräfte ihren Haushalt selber machen zu lassen. Sie brauchen deren berufliche Qualifikationen für ihre Volkswirtschaften. Sie müssen deren Fähigkeiten ausschöpfen, um konkurrenzfähig zu bleiben.

Einen Haushalt zu führen erfordert Kenntnisse aus über 20 Lehrberufen

Falls Ihnen der Schritt zur Haushaltshilfe erst einmal zu groß ist, können Sie auch anderweitig Ihre Hausarbeit verringern. Familien fällt es häufig schwer, Arbeitsabläufe im Haushalt zu strukturieren. Viele technische Geräte und große Detailkenntnisse sind vorhanden, aber grundlegendes Wissen in Sachen Hauswirtschaft fehlt oft völlig. Kein Wunder: Benötigt man in der Hausarbeit doch Kenntnisse aus bis zu 26 Lehrberufen!

Die üblichen Haushaltsprobleme: zu oft werden Arbeiten aufgeschoben, zu viel hängt an einer Person, zu hoch ist das Anspruchsniveau. Und noch immer sind die Männer bei der Hausarbeit sehr zurückhaltend. Dabei gefährdet Unzufriedenheit mit der Aufteilung der Haushaltspflichten und der Haushaltskasse das Eheglück, meinen jedenfalls amerikanische Forscher.

Auch ohne Hilfe weniger Stress im Haushalt – durch professionelle Tipps

Für die deutschen Verbraucherzentralen liegt die Lösung im Zeitmanagement. Mit einem speziellen Trainingsprogramm in Form einer Broschüre kann jeder Haushalt sein individuelles Problem herausfinden. Wer diese Zeit investiert, bekommt viele Tipps, wie sich Arbeitsabläufe rationalisieren lassen, Teamwork funktioniert und der Perfektionismus besiegt wird – beispielsweise lässt sich auf den Großputz vor den Feiertagen gut verzichten, aber Profi-Putzgeräte sollte man sich leisten. Planungsgrundlage für die Hausarbeit kann ein Arbeitstagebuch sein, denn es hilft, die vielen kleinen Arbeitsschritte sichtbar zu machen, die uns so viel Zeit kosten.

Ein weiterer Tipp – Haushaltsratgeber empfehlen ihn alle – der Wochenspeiseplan. Auf den ersten Blick lästig, hat er den großen Vorteil, dass sieben Tage nicht mehr überlegt werden muss: »Was koche ich morgen?« Praktisch: ein Fundus an Grundrezepten, die sich regelmäßig wiederholen, zum Beispiel montags ein Reisgericht, dann Nudeln, Fisch, Getreide, Kartoffeln, Gemüse oder Fleisch als Hauptkomponenten im Wechsel.

Bei der Verpflegung lässt sich durch einige Kniffe viel Zeit sparen:

- für zwei Tage kochen und dann die Hälfte einfrieren,
- für Krankheitsfälle und andere Katastrophen Schnellrezepte einplanen aus Zutaten, die immer im Haus sind (z. B. Pfannkuchen, Auflauf aus Gemüseresten),
- Schnellkochtopf benutzen (spart bis zu 70 % Zeit),
- vor stressigen Tagen Mahlzeiten teilweise vorbereiten (z. B. Pellkartoffeln am Abend vorher kochen und pellen, am nächsten Tag Bratkartoffeln oder Kartoffelsalat daraus machen),
- tiefgefrorenes Gemüse und Obst verwenden,
- wöchentlicher Großeinkauf (mit Einkaufszettel und Speiseplan).

Wer seine Grundkenntnisse in Sachen Hauswirtschaft erweitern möchte, kann auch Kurse zum Thema Haushaltsführung belegen. Christiane Klimsa (www-klimsa-training.de), Hauswirtschaftsmeisterin und vierfache Mutter, gibt in solchen Seminaren auf pfiffige Art Tipps an Männer und Frauen weiter oder kommt als Ihr persönlicher Haushalts-Coach zu Ihnen und gibt an Ort und Stelle wichtige Ratschläge für Ihren individuellen Bedarf.

5. Frauen und Auszeiten: Kreativer Umgang mit Neuorientierungen

Frauen nutzen ihre Spielräume mehr. Sie sind oft, schon traditionell und aufgrund der häufiger von ihnen genutzten Erziehungszeiten, flexibler in ihrer Lebensgestaltung als Männer. Seit Jahrtausenden sind es in aller Regel die Frauen, die sich nach den Familien, Lebensentwürfen, Karrieren ihrer Männer richten, den Wohnort, das soziale Umfeld dafür wechseln und sich immer wieder anpassen müssen und können.

Generationen von geschickten Anpasserinnen

Soziologen und Arbeitswissenschaftler sagen voraus, dass nur auf Dauer einen Job haben wird, wer beruflich flexibel bleibt und sich stets weiter orientiert. In einer Zeit stetig wechselnder, hoch-

Die Zukunft der Arbeit ist weiblich(er)!

dynamischer gesellschaftlicher und beruflicher Anforderungen: Beste Chancen für Frauen! Und Frauen sind nicht nur flexibler, sie nutzen selbst geschaffene Freiräume auch kreativer. Nach einer Untersuchung der Bremer Soziologin Barbara Siemers nutzen Frauen ein Sabattical, also ein Jahr Freistellung vom Beruf, sehr viel kreativer als Männer. Männer beantragen die Auszeit in der Regel zur gesundheitlichen Regeneration nach einem Erschöpfungszustand, Frauen nutzen die Zeit wenn nicht für Kindererziehung, meist zur beruflichen und privaten Veränderung.

Hürden nehmen stärkt für die nächsten Schritte

Und nicht nur Frauen, generell Menschen mit eher schwierigen Startbedingungen lernen es manchmal schon sehr früh, neue und kreative Lösungsmöglichkeiten zu suchen und nicht in alten Rollenmustern zu verharren. Auch deshalb liebe ich meinen Beruf. Ich begleite gerne Menschen, die oft schon in der Kindheit schwierige Hürden nehmen mussten in einer Krise, um neue Wege und Lösungen zu suchen. Und: Ich glaube aus tiefstem Herzen an diese Menschen und bin stets optimistisch, dass es Wege gibt, etwas zu verändern.

VIII. Nachwort

Birgit Lorentz möchte die Erfahrung ihres Burnout nicht missen. Sie hat sich besser kennengelernt. Der Strudel, der sie in die Tiefe gezogen hat, hat sie wieder mit hinaufgetragen. Das Feuer ist wieder entflammt, kann aber nun bewacht werden, sodass nicht mehr alles verbrennt. Die Männchen auf Frau Lorentz' Schultern halten sich die Waage. Der Lebensstrom fließt wieder.

Beispiel

Auszubrennen ist für die Betroffenen meist eine schwere Lebenskrise, eine dunkle, schwere Zeit im Leben, die mit viel Leid und auch Abschied verbunden sein kann. Aber ein Burnout ist auch eine Chance. Eine Chance, Dinge im Leben zu überdenken, neu zu ordnen und Prioritäten neu zu setzen. Viele meiner Patientinnen und Patienten wollen diese Erfahrung im Nachhinein nicht missen. Sie gehen bewusster mit sich und ihren Grenzen um, entdecken neue oder alte Teile ihrer Persönlichkeit wieder und schaffen Raum für mehr als nur Leistung im Leben. Menschen sind wunderbare Geschöpfe: Sie sind so ungeheuer kompetent darin, ihr Leben, selbst unter schwierigen Voraussetzungen, zu meistern. Menschen wachsen mit der Herausforderung und werden durch Krisen oft stärker als zuvor.

IX. Tipps und Links

1. Literaturempfehlungen

Mehr zum Thema Burnout für Helfende Berufe: Jörg Fengler: Helfen macht müde. Zur Analyse und Bewältigung von Burnout und beruflicher Deformation. 2001, Klett-Cotta, Stuttgart

Mehr zum Thema Burnout: Ayala M. Pines, Elliot Aronson, Ditsa Kafry: Ausgebrannt. Vom Überdruss zur Selbstentfaltung. Klett-Cotta, Stuttgart

Und noch mehr zum Thema Burnout: Mattias Burisch: Das Burnout-Syndrom. 2005, Springer, Berlin

Einfacher und glücklicher Leben mit dem Bestseller »Simplify your life« von Werner Tiki Küstenmacher. 2001, Campus Verlag, Frankfurt/Main

Karriereberatung der etwas anderen Art: Silke Strauß: Viel erreicht, was nun? 2003, Campus Verlag, Frankfurt/Main

Für Lehrerinnen und Lehrer: Rudolf Kretschmann (Hrsg.): Stressmanagement für Lehrerinnen und Lehrer. 2000, Beltz Verlag, Weinheim und Basel

Trauerarbeit: Lis Bickel und Daniela Tausch-Flammer (Hrsg.): In meinem Herzen die Trauer, Texte für schwere Stunden. 1998, Verlag Herder, Freiburg im Breisgau

2. Nützliche Adressen und Links

Zeitmanagement und Feedback-Training: AH-Seminare, Angelika Härlin, München, www.ah-seminare.de

Gender Mainstreaming Concept: Die Seite für Unternehmerinnen www.gender-mainstreaming-concept.de

Christiane-Nüsslein-Vollhard-Stiftung www.cnv-stiftung.de: Die Christiane-Nüsslein-Vollhard-Stiftung richtet sich an hervorragende Doktorandinnen in einem Fach der experimentellen Naturwissenschaften und der Medizin. Akademische Mütter bekommen unter bestimmten Voraussetzungen auf Antrag finanzielle Zuschüsse für Kinderbetreuung und Hilfe im Haushalt zur Verfügung. Weitere Informationen auch über die Abteilung »Center of Excellence Women and Science« des InformationsZentrums Sozialwissenschaften unter www.cews.org oder Email Jutta Dalhoff: dalhoff@cews.uni-bonn.de

Tipps, Seminare und konkrete Hilfe für den Haushalt und mehr von der erfahrenen Hauswirtschaftsmeisterin und Mutter Christiane Klimsa: www.klimsa-training.de

Stationäre Behandlung von Burnout-Erkrankungen in der Abteilung 4 der Grönenbach-Kliniken, Sebastian-Kneipp-Allee 3a/5, 87730 Bad Grönenbach, Ansprechpartner Dr. Volker Reinken, www.klinikengroenenbach.de

3. Networking für Frauen: Adressen und Links

WE: Women + Economy / Magazin Club und Business Netzwerk für Unternehmerinnen und Managerinnen: Women + Economy www.we-women.de

MLP-Women's-Business-Clubs: www.mlpwbc.de

Für Unternehmerinnen und Freiberuflerinnen: Schöne Aussichten – Verband selbstständiger Frauen www.schoene-aussichten.de

Für berufstätige, sozial engagierte Frauen: Soroptimist International www.soroptimist.de

Für berufstätige, politisch aktive Frauen: Business and Professional Women Deutschland www.bpw-germany.de

Für Managerinnen und Freiberuflerinnen Bundesverband der Frau im freien Beruf und Management e. V. www.bfbm.de

Für Frauen, die einander stärken wollen: Connecta – Das Frauennetzwerk e. V. www.frauennetzwerk-connecta.de

Für Managerinnen, Manager und Firmen: European Women's Management Development Network www.ewmd.org

Für Onlinerinnen auf der Karriereleiter: Femity www.femity.net

Für alle aktiven, engagierten Frauen: Femmes Géniales www.femmes-geniales.de

Für Onlinerinnen, die sich beruflich und emotional unterstützen wollen: Orangenhain www.orangenhain.net

Für Unternehmerinnen: Verband deutscher Unternehmerinnen e.V. www.vdu.de
Für Onlinerinnen aus Wirtschaft und Technik: WirWIT/WorldWIT (Women Insights Technology) www.worldwit.org
Lokale Frauen-Business-Clubs, zum Beispiel Münchner Wirtschafts-Forum www.mwf-ev.de

Distanzierung:
Mit dem Urteil vom 12. Mai 1998 hat das Landgericht Hamburg entschieden, dass man durch die Anbringung und Verwendung von Links (Verknüpfungen) zu anderen Internetseiten und deren Inhalten ggf. mitverantwortlich ist. Dies kann laut der Entscheidung des Landgerichts nur dadurch verhindert werden, dass man sich ausdrücklich von diesen Inhalten distanziert.

Dank

Zuallererst geht mein Dank an alle meine Patientinnen und Patienten, ohne deren Erfahrungen und Bemühungen ich dieses Buch nicht hätte schreiben können. Ihre Kraft, eine Lebenskrise anzugehen und zu bewältigen, beeindruckt mich immer wieder und lässt mich meinen Beruf mit stets neuer Begeisterung ausüben.

Ich danke meinem wunderbaren Mann Martin, der nicht nur praktisch dieses Buch unterstützt hat, indem er einer berufstätigen Mutter in allen Belangen zur Seite steht. Ich danke für deine Liebe und deine Zuversicht.

Mein Dank gilt den vielen Menschen in meiner Familie und meinem Freundeskreis, die mich auf meinem Berufs- und Lebensweg begleitet, mich gefördert und an mich geglaubt haben.

Meiner Lektorin Dr. Christine Treml danke ich für ihr Vertrauen, ihre Kompetenz und die fruchtbare und freudebringende Zusammenarbeit ›durch den Park‹. Babysitter können manchmal große Steine ins Rollen bringen!

Ich danke den Ladies von Women + Economy, die mir viele Anregungen gegeben haben und nicht zuletzt immer wieder zeigen, dass man als Frau erfolgreich sein kann, ohne auszubrennen!

www.klett-cotta.de / leben

Anka Kampka
Nathalie und Ansgar Brede
Keine Angst vor Mobbing!
Strategien gegen
den Psychoterror am
Arbeitsplatz
175 Seiten
Klappenbroschur
ISBN 978-3-608-86012-2

Keine Chance für »Mobber«

Nach dem Mobbing-Report der Bundesregierung sind mehr als eine Million Menschen von Mobbing betroffen. Das Buch zeigt, wie Sie die Opfer-Rolle verlassen können, welche Rechte Sie haben und wie Sie selbst und Ihr Umfeld gut für sich sorgen können.

- Was ist Mobbing und wie entsteht es?
- Welche Hilfe finde ich im beruflichen und privaten Umfeld?
- Lösungsansätze: wie verlasse ich die Konfliktspirale?

Wer als Mobbing-Opfer rechtliche Schritte erwägt, erhält im rechtlichen Teil fachkundige Tipps und Informationen.

KLETT-COTTA *leben!*

www.klett-cotta.de / leben

Claudia Fuchs
Rich R. Schmidt
Kraftquellen
Persönliche Ressourcen für
gute und schlechte Tage
134 Seiten
Klappenbroschur
ISBN 978-3-608-86013-9

Ein gutes Leben gestalten

Zwölf »Kraftquellen« enthält dieses Buch – entwickelt für Menschen in Krankheit oder Lebenskrise. Weil nicht alles für jeden passt, sind es ganz unterschiedliche »Werkzeuge«, die uns die Autorinnen – angereichert mit Tipps und Übungen – an die Hand geben: zum Entdecken, Auswählen, Ausprobieren und Liebgewinnen unserer ganz persönlichen Ressourcen.